温馨提示：

　　本故事纯属虚构，如有雷同，实属巧合。故事中所讲的各类理财思维仅为理论说明，不作为任何投资建议，且有些理财思维为个人观点，仅供参考。切记市场有风险，投资需谨慎！

前　言

　　亲爱的读者朋友，您是否有理财上的困惑与经济上的烦恼呢？或许，您已经开始学习理财，却发现理财的知识点又多又分散，简单学习根本无法形成自己的知识体系，导致理财效果不佳。

　　现实中，您可能也想通过一些更专业的书籍或课程来系统学习理财，但它们枯燥晦涩的内容又将您拒之门外。

　　有没有一种方法，可以让您轻松愉快地学习理财呢？答案就是阅读您手里的这本书。

　　本书提炼了当今世界上一流的财富思维，将理财的思维与理念、方法与技巧巧妙地融入童话故事。您只需跟着故事情节走，就会逐步建立一套理财思维，打造属于自己的财富系统。

　　我们一直认为：将苹果交换一下，得到的还是一个苹果，但将思想交换一下，收获的就是两种思想。

　　真诚希望我们的经验能对您有用，也祝您理财成功、生活幸福！

企鹅先生　鼹鼠小姐

谨以此书献给我的爱人

因为一路有你

才有这么美妙的故事

图书在版编目（ＣＩＰ）数据

鼹鼠小姐的理财生活 / 钱际，杨萍著. -- 北京 ：
人民邮电出版社，2023.5
ISBN 978-7-115-59870-7

Ⅰ．①鼹… Ⅱ．①钱… ②杨… Ⅲ．①私人投资－青
年读物 Ⅳ．①F830.59-49

中国版本图书馆CIP数据核字(2022)第149683号

◆ 著　　　钱 际 杨 萍
　　责任编辑　徐竞然
　　责任印制　周昇亮

◆ **人民邮电出版社出版发行**　北京市丰台区成寿寺路 11 号
　邮编　100164　电子邮件　315@ptpress.com.cn
　网址　https://www.ptpress.com.cn
　河北京平诚乾印刷有限公司印刷

◆ 开本：880×1230　1/32
　印张：8.75　　　　　　　2023 年 5 月第 1 版
　字数：140 千字　　　　　2023 年 5 月河北第 1 次印刷

定价：59.80 元

读者服务热线：(010)81055296　印装质量热线：(010)81055316
反盗版热线：(010)81055315
广告经营许可证：京东市监广登字 20170147 号

鼹鼠小姐的理财生活

钱际 杨萍 著

人 民 邮 电 出 版 社

北 京

目 录

鼹鼠小姐的理财生活

在理财课上，证券专家黑猩猩教授做了令人信服的详细解说，而房产专家海獭教授则对房地产和自动收入做了精彩讲解。

他们究竟说了些什么，后来使得鼹鼠小姐的财富节节攀升呢？那就让我们一起来听课吧！

第八章　大鹅夫妇的烦恼　　　121

对节俭的认知误差，让鹅大哥好心办了坏事。他怎么也想不通，自己为了省钱而买便宜的东西，却被鹅大嫂数落。

鼹鼠小姐对大鹅夫妇的矛盾进行了调解，让他们认识到拥有正确的认知有多重要。正确的认知、相互尊重的态度都是构成幸福家庭的基石。

第九章　餐桌上的辩论　　　135

奢侈品到底该不该买？什么样的行为才是真正的奢侈？

原来，"奢侈"两个字就是答案：奢＝"大＋者"，而侈＝"人＋多"。不过很多人只看到了前者，却忽视了后者，所以仍然很难积累财富。

第十章　人生课堂　　　151

工作没有大的进展，虽然辛苦但收入很低，不知道未来的路究竟在何方……

现实和理想总是有差距，面对生活的艰难，鼹鼠小姐感到痛苦和无奈，但老师猪博士却告诉她，最大的抗争就是不抗争！

这是什么道理呢？鼹鼠小姐又是如何面对理想与现实的差距呢？我们不妨一起走进精彩的人生课堂，一探究竟。

第一章

最美好的回忆

清晨，白色的窗纱在微风中轻轻飘动，窗外的花香已悄然飘进屋内，虽然橡树开的花香味很淡，但家族特有的灵敏嗅觉仍使得鼹鼠小姐倍感心旷神怡。她合上了摆在桌上的日记，喝了口红茶，品着自己精心制作的小点心，看着窗外那郁郁葱葱的橡树林，听着屋顶上小鸟欢快的鸣叫，不禁浮想联翩、思绪万千。

"亲爱的，我们来橡树国已经快 10 年了，时间过得可真快呀！"鼹鼠小姐对坐在沙发上看书的丈夫企鹅先生说道。

"是的！亲爱的，这些树长了那么久，终于等到可以开花的这一天了。"企鹅先生放下手中的书，缓步走到鼹鼠小姐身旁，看向窗外初夏的风景。

"是啊，橡树长 10 年才会开花，我们也和它们一样，用近 10 年的时间拥有了年轻时梦想的一切，真的要感恩！"鼹鼠小姐说道。

"要是一开始就知道答案就好了，也不会有那么多年的担忧与困惑了。"企鹅先生说道。

"生命的意义就在于探索充满不确定性的未来，如果一切都是定好了的，那才没意思呢！每个人都应该对自己的人生负责，而每个人最大的幸福就是，在未来的某一天能遇到最好的自己。"鼹鼠小姐动情地说道。

"我也明白这个道理，只是不想让你担心。但令人欣慰的一点是，我遇到了你，如果没有你，我恐怕也很难遇到那个最好的自己。"企鹅先生说道。

企鹅先生出生在天寒地冻的南极国，他看起来就像一位略显愚钝的谦谦绅士；鼹鼠小姐出生在神秘的东方古国——宝石国，她看起来像是一位头脑灵光的小仙女。为了方便照顾双方老人，他们把新家建在与两个家族的距离几乎相等的中间地带，也就是现在的橡树国。初来乍到的他们一开始过得并不顺利，而且经常陷入"弹尽粮绝"的境地，好在他们并不气馁，以"夫妻同心、其利断金"的信念，打造了一个属于自己家庭的美好未来。

企鹅先生现在是这里的"明星"人物，他经营着一家大型跨国渔业公司，业务遍布全球各地。鼹鼠小姐也有自己的事业，打理着一家以"爱情度假"为主题的连锁宾馆。他们还给宾馆取了个很有纪念意义的名字，叫"企鹅爱鼹鼠"，并注册了商标。他们现在有两套别墅，一套是现在居住的，在山脚下的橡树林中；另一套在离企鹅先生公司不远的海边，那里也是他们闲暇时度假的地方。

企鹅先生现在很成功，但放在以前，在朋友们的眼中，这可是一件不可思议的事情。当企鹅先生说自己将来会成为有钱人时，他们常常捧腹大笑，听到他还要创业时，几乎没有人认为他会成功。因为，性格内向的企鹅先生在那时几乎一无所有，不仅很多工作业绩都被主管据为己有，他有时还要为主管犯的错负责，工作情况很不稳定。频繁换工作也使得企鹅先生一度怀疑自己，倍受打击。

在那段初来橡树国的岁月里，他和鼹鼠小姐四处碰壁，兜里的钱经常只够应付当天的伙食。

艰难的日子虽然并不长，但总是很难熬。

甚至有几天，他们因仅有的付房租的钱丢失而一度无家可归，只能在沙滩上过夜。深夜，企鹅先生趴在沙滩上痛哭，还用头把沙滩"撞"了一个坑。他想不通为什么自己这么优秀，却总是不成功，也没有办法给鼹鼠小姐好的生活。他又急又气又自责，鼹鼠小姐总是在旁边安慰和鼓励他。

好在生活的压力并没有压垮这对小夫妻，反而让他们更加珍惜彼此，可谓患难见真情。鼹鼠小姐记得自己当时最大的幸福，就是企鹅先生每天回家都会为她买一点水果——虽然不多，但让她心里暖暖的。

年轻的企鹅先生虽然没有一开始就获得成功，但他的内心还是很倔强的。他对鼹鼠小姐说："虽然我们现在一无所有，但只要我们努力，就一定会有所收获。"

只要信念不灭，生活总有转机。后来，鼹鼠小姐终于找到了一份幼儿园里的工作，企鹅先生也进入一家渔场工作，他们的生活总算有了些着落。

成功后的企鹅先生曾表示，他的经历证明了每个人都可以成功，只要愿意付出，不怕辛苦，经常学习。

此外，企鹅先生认为自己成功的原因还有两个，一个是认识了猪博士，另一个就是遇到了自己的妻子鼹鼠小姐。

鼹鼠小姐最大的特点是心地善良、性格开朗，且乐于助人。她还认为好丈夫是"夸"出来的，不是"骂"出来的。她对待企鹅先生的态度，使得企鹅先生无论是在顺境还是逆境，也不管是在多大的困难与风浪面前，都能信心满满、从容应对，最终取得成功。

鼹鼠小姐的老师猪博士曾告诉她，"妻子决定着家庭的财富多少，而究竟能获得多少家庭财富则要靠丈夫"。刚开始鼹鼠小姐并没有完全弄懂这句话的意思，她想，既然家庭财富的多少是由妻子决定的，那为什么还需要靠丈夫获得呢？她自己也是可以去赚钱的。后来，她终于想明白了，猪博士的意思不是非要丈夫去赚钱，而是不管谁去赚钱或管钱，只要另一方没有配合好，家庭财富就很难真正积累下来，因为夫妻是一个整体，经营家庭要靠双方共同努力才行，即家和才能万事兴。

同时，一般情况下，男性较理性，而女性较感性，所以一个家庭的"情绪"多由妻子掌控。幸福的家庭往往"情绪"平稳、氛围和睦，这样的家庭，财富往往也能自然增长，但前提是丈夫能让妻子心态平和。

就像航海，海水可以让船浮起来并顺利前行，但要成功到达目的地，就得靠舵手了。

他们所在的橡树国依山靠海，资源丰富，以橡树的品种众多而著称。企鹅鼹鼠夫妇居住的这片橡树林绵延数百米，树木高大而形态优美，空气格外清新。

橡树林里生活着许多居民，有大鹅夫妇、绿头鸭兄弟、刺猬先生、兔子大嫂、青蛙大婶和猫头鹰姐妹等。一到晚上，他们就会召开"橡山湾"联谊会，大家载歌载舞，不亦乐乎。这里还有一条公路直通城市，企鹅鼹鼠夫妇喜欢驾驶自家的红牛跑车去市里看望上学的孩子——孩

子平时住校，只有周末才能回家。

　　企鹅先生驾车平稳规范，而鼹鼠小姐驾车则极具灵活性。所以，在公路上长途匀速驾驶，一般都是企鹅先生的事儿，而外出旅游探险或应付复杂的城市路况，那就得靠鼹鼠小姐了。

　　"你还记得我们买红牛跑车时的情形吗？"企鹅先生问道。

　　"当然记得，那天是我人生中最幸福的一天！"鼹鼠小姐神采飞扬地说道。

　　"嗯。我看了许久，一直拿不定主意，也对比了多个不同的车型，都快成半个汽车专家了。要是你现在问我街上行驶的是什么车，我立刻就可以告诉你它的品牌名字、性能、配置和价格。是不是很厉害呀！"企鹅先生得意地说道。

　　"是的，你的眼光的确不错，酒红色的车给人一种神秘感，酒红色也是我最喜欢的颜色。"鼹鼠小姐说着，随即陶醉于幸福的回忆中。

　　"要是能早几年送给你就好了，可惜那时我的能力有限。唉！"企鹅先生说道，带着遗憾而自责的口吻。

　　"老师猪博士曾对我讲过，他说一个人不应老盯着那

些自己没有的东西，并为此而伤感，一个人应去感恩那些自己已经得到的东西。"鼹鼠小姐忙安慰丈夫。

"是的，我们应感恩现在的生活。"企鹅先生说道。

"对，那天当你说你要送我的生日礼物是这辆车时，其实我内心别提有多高兴了，这是咱们奋斗多年的最好见证。"鼹鼠小姐美美地感叹道。

"记得你当时说一定要看完车再付尾款，我还以为你不相信我的眼光呢。"企鹅先生说道。

"完全没有那个意思！买车是我们早就商量好了的，但你把它当作生日礼物送给我，让我感到自己是最幸福的人。而且你挑选的车型和颜色，都是我最喜欢的，我怎么会不相信你的眼光呢？"鼹鼠小姐忙解释道。

其实，从企鹅鼹鼠夫妇成立小家庭后，他们是做了分工的：企鹅先生负责捕鱼赚钱，鼹鼠小姐负责打理家务和管理账务。企鹅先生把赚的大部分钱都交给善于理财的鼹鼠小姐进行打理，自己则只留企业日常的经营费用和个人生活费用。在对外付钱这件事情上，小额支付由企鹅先生进行，而大额支付一定由鼹鼠小姐亲自操作，这也是他们根据自己的性格特点及与对方生活多年的经历而养成的习惯。

"那你是不是担心把钱给了我，我会拿去乱花呀？嘿嘿！"企鹅先生笑着问道。

"不是的。你忘了咱们的理财制度了吗？'梦想品'只能在理财账户金额达标后才能买。"鼹鼠小姐说道。

"哦，对了，就是那本理财日记里写的吧，我只管赚钱，理财的事完全交给你，定的规矩我早忘了。"企鹅先生指着桌上那个红色的日记本说道。

"那没关系！要知道，夫妻是最好的搭档，我们做好自己擅长的事即可。"鼹鼠小姐边说边拿起了那本厚厚的理财日记，"这可是橡树国国王奖励给本小姐的，里面有很多金玉良言。"

"你有理财日记，我有投资宝典，咱俩可谓是珠联璧合、天下无敌！哈哈！"企鹅先生笑道。

"我的日记就在这里，那你的宝典又在哪里呢？"鼹鼠小姐也笑着说道。

"在我的大脑里、在市场中、在橡山湾、在橡树国、在大自然里……总之无处不在！哈哈！"企鹅先生大笑道。

"是吗？哈哈！不过，我相信你，你一直都是最棒的。你看，外面天气这么好，咱们出去散散步吧。"鼹鼠

小姐笑着说道。

鼹鼠小姐很了解丈夫的心思，他想让自己每分每秒都快乐，只是木讷的他要么就不会表达，要么就像这样一般表现得过于直接，但这并不影响自己开心地大笑。而这种情形只会在他们两人相处时发生，外人是绝对看不到企鹅先生的这一面的。在外人眼中，企鹅先生是一个事业成功，表情严肃且缺乏生活情趣的家伙。

屋外，阳光透过枝繁叶茂的橡树林，形成了许多交叉且柔和的淡黄色光束。那些光束像舞台上四射的灯光，将这个世界点缀得如梦如幻，让人倍感温馨浪漫。树下绿草如茵，草地上盛开着各色的小花，一团团，一簇簇，有红色的、粉色的、黄色的、紫色的、淡蓝色的……漫山遍野、五彩斑斓，仿佛一片花海。企鹅先生用各色的小花编了一个花环，戴在了鼹鼠小姐的头上。之后，他俩沿着林间小道向山下的方向走去。

在路上，他们还碰到了兔子大嫂。兔子大嫂邀请他们共进午餐——蘑菇宴，他们愉快地同意了。

他们翻过了几个山坡，眼前出现了一条弯弯曲曲的小河。有月亮的晚上，月光洒在小河上，别提多美了，所以当地人都叫这条小河"月牙河"。据说这条河发源于山上

的高处，一路流淌下来灌溉了这片橡树林，最终流向附近的大海，就是企鹅先生捕鱼的那片海。可能因为这里是平原，所以水流很平缓。

今天，小河更是出奇平静，好像是专门为了方便他们游玩。

"青蛙大婶，还有船吗？"企鹅先生对着河边草丛高声喊道。

"是谁啊？喊这么大声。船都租出去了，你们来晚啦。"青蛙大婶的视力不是很好，她瞪着一对水汪汪的大眼睛，肚子一鼓一鼓地说道。

"真可惜，还是来迟一步。"鼹鼠小姐惋惜地说道。

"不要紧，青蛙大婶可是这里的'名人'，看我的吧。"企鹅先生神秘地眨眨眼。

鼹鼠小姐不知道的是，憨厚的企鹅先生在做生意上可是绝对的精明人，他的渔业公司最早就是从这里起家的。那几年，他没少和青蛙大婶打交道。而青蛙大婶以爱钱如命而著称，在做生意这行里可是出了名的，即使她已经累积了大量财富，但金钱似乎对她还是有着无穷无尽的吸引力。

企鹅先生又大声喊道："青蛙大婶，真的没船了吗？

我出双倍价钱，怎么样啊？"

"双倍也没有，中午他们才会回来，要不你们在这里等等吧。"青蛙大婶也喊道。

"那 3 倍怎么样？"企鹅先生有点急了。鼹鼠小姐忙拉住他的手，说道："3 倍太贵了，改天再来吧。"

"你真的出 3 倍吗？我自己家里还有一条船，就是小点儿，不知你们愿不愿意呢？"青蛙大婶说道。这条小船本是青蛙大婶为女儿小蝌蚪精心准备的礼物，今天可是小蝌蚪的成人礼。但青蛙大婶默默盘算了一下，3 倍的船费，可是一笔不小的收入！

企鹅先生知道，很多人面对高额的利润是没有抵抗力的。利润越高，人心越活跃。记得有位经济学家说过，如果利润能有 300% 的话，很多人愿意为之冒险，甚至做一些本不想做的事。他明白青蛙大婶这类人的想法，他们把金钱看得太重了，而真正的富人只把金钱当工具。在富人的眼中，金钱只是数字代号，他们更关注其交换的价值，而普通人则只关注其交换的数字。

关于这一点，企鹅先生想起老师猪博士曾经问自己的一个问题："你说世界是真实的，还是虚拟的呢？"

企鹅先生回答说："当然是真实的了，因为眼见为实。"

猪博士哈哈大笑："这就是很多人不能成为富人的主要原因，记住，眼见未必为实。"

猪博士告诉他，完整的世界包括我们看到的和看不到的两个部分，所以一个人永远不要以为自己能简单了解真相。

猪博士又问他："金钱是真实的，还是虚拟的呢？"

企鹅先生这次回答道："金钱是虚拟的，价值才是真实的。"

猪博士满意地点点头，说："富人只盯价值，为了获得价值而去赚钱；穷人却只盯金钱，为了金钱不惜失去价值。"

企鹅先生现在深深明白了这个道理，为了能让鼹鼠小姐坐上船，他是不惜花钱的，因为对他来说那是真正有价值的事情。

明白这个道理的另一个好处就是，你将对赚钱没有恐惧感。普通人因为认为金钱是真实的，所以心理上就会认为钱是更重要的东西，钱很难赚，即使面对有价值的东西，也不舍得花钱购买。比如，为参加一次重要面试而买的一套合身的品牌服装，虽价格稍高，却是有价值的。因为好的形象可以给面试官留下良好的印象，如果可以获得这份工作，那买服装花的钱都是可以"赚"回来的。即使

没那么幸运，没有获得这份工作，这套得体的服装也大概率能在未来的求职之路中起到作用。敢于"投资"有价值的事，看到金钱背后的价值，是富人的思维。

企鹅先生记得一家小型超市的老板曾欣喜若狂地告诉人们，他将自己的小店以市场价格的 7 倍成功售出，还说买家真是天下最大的傻瓜等。但多年后，买他超市的人成了橡树国连锁零售业的超级经营者，也是这里最有名的富人之一，而超市原来的老板则因不善理财且挥霍无度，散尽家财后走投无路，只好前往这家超市应聘，获得了一份很普通的工作。

企鹅先生永远记得老师告诉他的那句话，"只要你坚持做有价值的事情，购买有价值的东西，那幸福和金钱迟早会来到你的身边"。

那天，他们划着青蛙大婶家的小船，在风平浪静的月牙河上游览，快到中午时才上岸，度过了一个愉快的上午。

划船是企鹅先生的强项，鼹鼠小姐则欣赏着两岸的风光。月牙河的水十分清澈，河底的各色卵石和各类水草一目了然，颜色各异的鱼群不停穿梭，还不时打量着船上的动静。看到那些可爱的鱼儿，鼹鼠小姐情不自禁地发出了

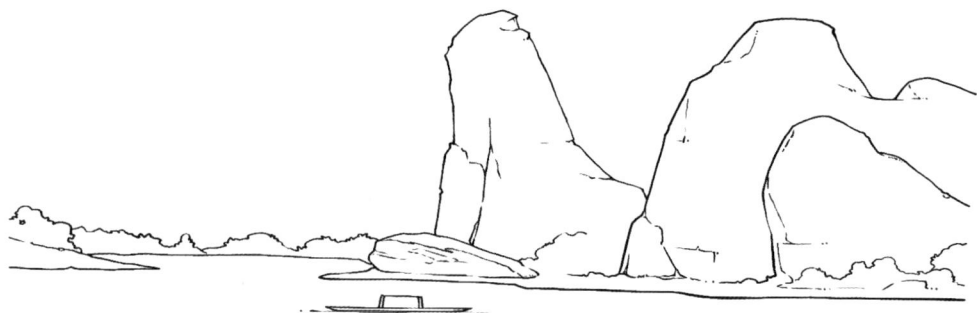

一阵银铃般的笑声。

企鹅先生将船划得很快，甚至追上了先前租船的那些游客，有小浣熊夫妇和土拨鼠一家等，他们住在山的另一边，都是来月牙河玩耍的。他们你追我赶，还用水枪打起了水仗。鼹鼠小姐玩得很开心，她把土拨鼠一家浇得够呛，不过自己的衣服也全湿了，头上的花环也掉到了水里。

企鹅先生准备跳入水中去打捞花环，但鼹鼠小姐拦住了他，说："不必了，就让这些花留在这里吧，这也是我们最美好的回忆。"

鼹鼠小姐向同游的小浣熊夫妇和土拨鼠一家挥手告别，相约"来日再战"后，便同企鹅先生往回赶了，因为中午他们还要去参加兔子大嫂家的蘑菇宴呢。

在回去的路上，企鹅先生问鼹鼠小姐："今天玩得高兴吗？"

鼹鼠小姐说："简直太痛快了，土拨鼠一家竟敢和我打水仗，哈哈！太好玩儿了！"

"你高兴就好，我还担心你会说我乱花钱呢！"企鹅先生说道。

"要是过去，我是绝对不会同意你这样花钱的，因为

那时我们还在努力攒钱，现在我们有了很多的收入，付 3 倍的船费其实也不算什么。你忘了，理财不就是为了更好地生活吗？你为了让我开心，我又怎么会责怪你呢？"鼹鼠小姐一本正经地说道。

兔子大嫂的家离企鹅鼹鼠夫妇的家其实并不远，鼹鼠小姐回家换了身干净的衣服后，就和企鹅先生一起朝着兔子大嫂家的方向走去。

第二章

参加理财大赛

此时，兔子大嫂家的烟囱正冒出一缕缕青烟，蘑菇汤的香味飘向橡树林深处。鼹鼠小姐很快就嗅到了这诱人的香味，她拉紧丈夫的手，加快了步伐。

今天来兔子大嫂家的客人还真不少，大家边吃边聊，好不热闹。

兔子大嫂对企鹅鼹鼠夫妇说："现在你们的生意越做越大，理财也越做越好，能不能给大家分享一下经验？"

鼹鼠小姐笑着说："要想做好理财，最重要的是找到一个朋友，这个朋友就是时间。如果你能很早明白这一点，这对你的人生是很有益的。"

"我刚工作不久，还没有什么理财的资本，但我一直很关注理财。"说话的是兔子大嫂的远亲，一位年轻的白领黑兔先生。

"那你说说，理财应该注意些什么呢？"鼹鼠小姐看着他说道。

"首先，理财是人生很重要的一件事情，必须从早做起，而且要天天坚持；其次，要向理财成功的人学习，因为他们更有经验，这样我们也更容易成功！"黑兔先生眨着大大的眼睛讲道，大家也都认可地点点头。

企鹅先生接过了话题，说："年轻人，你说得没错。但我有个建议，一个人年轻的岁月是很宝贵的，你还应该做些其他更重要的事情才对。"

"现在橡树国的通货膨胀这么厉害，如果不研究理财，您的企业再大，财富也会缩水啊！有什么能比理财更重要？"黑兔先生并不认同企鹅先生的话，摇头说道。

"当然有啊！年轻人首先要成家立业才对嘛。而且，对年轻人来说，更重要的是要想想如何赚钱，而不只是简单理财。"企鹅先生说道。

"我觉得应该是先立业再成家吧！否则如何照顾家庭、养育子女？"黑兔先生说道。

"那你的理财效益怎么样？"企鹅先生问道。

"理财获得的收入还不是很高，不过我还在努力。"黑兔先生答道。

"如果方向错了，再努力也是无用的。"企鹅先生说道。

"您觉得我的方向有问题吗？现在很多教理财的老师说他们很早就开始理财了，我都准备攒钱去跟老师们深入学习呢。嘿嘿！"黑兔先生笑着说道。

"没有问题，但走这条路只会让你过得很平庸，无法获得真正的财富，成为富人。"企鹅先生淡淡地说道，他突然想起老师猪博士当年也是这么对自己说的。

"为什么？"黑兔先生不解地问道，显得有点不耐烦。

鼹鼠小姐一直在听他们的谈话，看到年轻的黑兔先生有点不高兴了，她马上接话道："我来解释一下吧！首先，成家和立业并不矛盾，好的家庭也是良好事业的基石，能够成为你奋斗的动力，可以让你的事业更成功；其次，理财的重点是家庭理财，尤其对于有一定资产积累的中产家庭，他们既有向富裕家庭发展的动力，也有恐惧变成穷人的压力，做好家庭理财对他们尤为重要；最后，年轻人或资产较少的家庭的关注点更应该放在如何赚钱上。"

"可很多教理财的书籍和老师都说，理财要趁早啊！我该听谁的呢？"黑兔先生有点犯难了。

"谁的也不听，只听你自己的。很多听起来对的话，做起来可不一定对，因为对的事情是相对的，而非绝对的，你仔细体会一下吧。"鼹鼠小姐说道。

"您能举个例子吗？我不是很明白。"黑兔先生问道。

"比如，理财要趁早，这句话是对的。但如果你把很多精力花费在理财上，那思考如何赚钱的时间就少了。你虽然可以获得正确的理财观念，却错失了很多赚钱良机。这句话正确的说法应该是，对年轻人来说，理财要趁早，但赚钱更重要，因为赚钱是'攻城'，而理财是'守城'呀。"鼹鼠小姐说得很诚恳。

"我明白了，我把顺序搞反了，理财是很重要，但前提是有财可理，而我花高价学理财，就相当于帮那些理财老师们赚钱了，我之前怎么没有想到呀！"黑兔先生彻底明白了。

"不过，我要提醒一点，年轻人，尤其是单身的年轻人，也不要因为只想赚钱而不去学理财。年轻的时候，赚钱的思维应该占 80%，理财的思维占 20%；建立了家庭，有了更多的责任并逐步步入中产后，赚钱的思维应该占 20%，理财的思维占 80%。"鼹鼠小姐又补充说道。

"那我还是应该系统学习一下理财吧？毕竟要提前准备，而且那些理财老师看起来也很成功。"黑兔先生若有所思地说道。

"学习理财和学习别的知识不太一样，即使老师再成功，你也要自己去做，因为理财是很个性化的。"鼹鼠小姐耐心地说道。

　　鼹鼠小姐的意思是：光靠听课是学不会理财的，要"做中学"，即在实践中才能真正学会理财。老师再成功，也只能带你走一段路，而剩下的路，只能靠你自己来走。

　　她给黑兔先生的建议是：可以学习橡树国经济学院的理财课程，而不是社会上的那些高价收费课程，很多高价收费课程往往在宣传上言过其实，但不能帮助学员获得真正有用的知识；同时，开始适当进行小额投资理财，如购买基金等，逐步了解理财相关知识；此外，年轻人的理财重点其实应该是强制储蓄，养成合理收支的消费习惯。强制储蓄为的是将来有机会投资或创业。

　　黑兔先生向鼹鼠小姐表达了谢意，他说："看来我差点'误入歧途'啊，认识您太有幸了，将来一定向您好好学习。"

　　鼹鼠小姐愉快地答应了，她总是那么热心，愿意帮助别人。她对黑兔先生说："其实理财知识并不神秘，往往就是我们生活中的一些常识，但正是因为这样，理财知识才容易被多数人所忽视。用老师的话讲，'真正的理财知识经常打扮得很简朴，即使它站在人们面前，很多人也不会在意它'。"

兔子大嫂听到了他们的谈话，笑着对黑兔先生说："你找他俩学理财就找对人啦，尤其是鼹鼠小姐，她可是咱们橡树国首届理财大赛的冠军啊……"

鼹鼠小姐听到兔子大嫂的话，不禁想起了一件10年前的往事。

橡树国的理财大赛每两年举办一次，当年鼹鼠小姐和企鹅先生初到橡树国，正好赶上第一届理财大赛。橡树国原来一直以发展渔业和农业为主，但十几年前有人在领海发现了丰富的石油。因为石油，大家一下子富裕了起来，但也存在很多奢侈浪费的行为。为了让橡树国能永远富强，让国人能养成节俭的生活习惯，国王下令举办理财大赛，并让橡树国经济学院的院长猪博士来负责大赛事宜。

猪博士在经济方面颇有建树，他精通家庭理财，个人资产也很多，在橡树国很有威望。猪博士确定了首届大赛的主题——"什么是真正的节俭？"，大赛将依据参赛者通过演讲获得的票数来确定名次，冠军将得到国王的嘉奖和一笔奖金。

那时的企鹅鼹鼠夫妇还在为"吃饱饭"而打拼。听说有奖金，这对刚建立家庭的小夫妻动了心。

鼹鼠小姐说："亲爱的，你去报名怎么样？演讲的内容我可以帮你写，要是能成为冠军，不光能见到国王，还能得到一笔奖金，你知道这对我们很重要！"

企鹅先生一时语塞，慢吞吞地说道："我可以试试，你知道我不怕吃苦，但就怕演讲，尤其是要面对这么多居民演讲，我……就是嘴太笨了……唉！"

最后，他俩商量的结果是一起报名。

大赛分两轮，第一轮是面对评委演讲，获胜后将面对全国居民演讲。企鹅先生第一轮就被淘汰了，他太紧张了，冷汗直流、语无伦次，评委们都在摇头，根本听不清他在说些什么。鼹鼠小姐本来是想让企鹅先生获胜的，自己来只是为了鼓励丈夫，但现在只能硬着头皮上场了。好在鼹鼠小姐对节俭的理解还是很透彻的，这要归功于她的父亲鼹鼠老爸——一个普通的乡村老人。正是这个朴实无华的老人教给了她很多节俭窍门，使鼹鼠小姐对节俭产生了正确的认识。所以，鼹鼠小姐一直觉得，有些智慧不光体现在城市里的那些成功人士身上，也可能藏在某个普通的乡村老人的大脑里。用鼹鼠老爸的话讲，"生活本身就蕴藏着无数智慧。"

　　鼹鼠小姐是第一次演讲，内心也不免有些紧张，尤其还要面对一群专业的评委。但当她看到观众席里企鹅先生关切的目光时，她平静了许多。

　　很快，嘈杂的会场安静了下来，大厅的灯光也变暗了许多，一束光照亮了演讲台。演讲桌摆在演讲台的一侧，上面还放了一个装满鲜花的大花篮及一个带有理财大赛标志的金色话筒。

　　鼹鼠小姐缓步走到演讲桌前，拿起话筒，说道："尊敬的各位评委、各位参赛者，大家好。我是刚刚来到橡树国定居的鼹鼠小姐，很高兴能有机会和大家分享我的理财观念。我演讲的题目是，节俭是为了更好地生活！"

　　这时台下居然响起一阵掌声，接着是一片掌声。鼹鼠小姐看到，第一个鼓掌的是企鹅先生，随后其他参赛者也跟着鼓起了掌。

　　鼹鼠小姐继续说道："节俭是一个人宝贵的生活经验，是对生活有正确理解后做出的明智之举，也是对美好生活的正确反馈。我们应该珍惜我们所获得的一切，而不是在获得后随意挥霍与浪费。一个家庭节俭，就可以让这个家庭幸福长久；而一个国家节俭，就可以让资源得到有效利用。"

鼹鼠小姐环视了一下坐在前排的评委，发现他们原本严肃的表情好像变得轻松了许多，虽然他们还在盯着自己，但鼹鼠小姐突然觉得，自己好像没有刚开始那么紧张了。

鼹鼠小姐用平静而温柔的声音说道："橡树国是一个美丽的国家，我来到这个国家后，最深的感触就是，这里的居民大都很善良，也保持着节俭的生活习惯。当然，我也看到了一些人的浪费行为，我想这就是国王举办此次大赛的原因所在。但什么才是真正的节俭呢？我和前面几位参赛者的观点不同，我认为节俭不是简单为了省钱，因为过度节俭也是一种浪费。"鼹鼠小姐停顿了一下，接着说道："节俭其实只是表象，而生活才是本质，如果一味地厉行节俭，生活就失去了乐趣。我父亲在我很小的时候就告诉我了一个道理——'节俭就是智慧地生活'，简单的物质生活通常会让人的精神世界更丰富。他还告诉了我一个叫'物累'的概念，买很多东西看似会让人欢喜，但其实会分散人的精力，让人无法体会到生活真正的乐趣。"

一位评委突然打断了鼹鼠小姐的演讲，他说道："请问鼹鼠小姐，你说不买东西体会不到生活的乐趣，但又说东西买多了就会导致'物累'，这两种说法不矛盾吗？"

鼹鼠小姐平复了一下心情，她拿着话筒走到了演讲台的中央，看着那位坐在中间位置的评委说道："您说得一点儿都没错，这的确是一对矛盾，但能找到二者的对立统一点，就是一种人生智慧了。要知道，一味省钱，只会让生活变得没有颜色，即使富有，也只是拥有很多钱的'穷人'罢了。而如果一味消费，当金钱很快耗尽后，这种消费带来的快乐也会消失得无影无踪。因此，那些靠消费堆砌出来的快乐并不牢固。所以，依据最简的生活标准来消费，才是真正的节俭。"

全场又响起一阵掌声，听得出来，这次的掌声比刚才热烈了许多。鼹鼠小姐心想，这一定又是企鹅先生在支持她。她朝坐在评委席后面的企鹅先生那边望去，果不其然，企鹅先生已经站起来了，而且正在督促旁边的猴子大哥们一起鼓掌呢。

鼹鼠小姐笑着说："非常感谢大家的掌声！节俭的前提是树立属于你的最高生活观念，我倡导最简的生活，但这并不意味着我不去买东西，恰恰相反，我觉得好东西是一定要买的，但要做到尽量少买、精买。我父亲曾告诉我一条生活经验，就是当你想买一件物品时，不光要看它好的一面，还要看自己能否接受它不好的一面。比如有的人本来可以买一辆普通的汽车来代步，却依据个人喜好买了高档汽车。为了保护这辆高档汽车，他们几乎很少开车，甚至担心下雨把车淋坏，一家人还要定时到门口值班，防止汽车被不懂事的小孩损坏。大家说，这和他们的本意是一样的吗？"

台下的人回答道："不一样！"

鼹鼠小姐接着又问："这不是'物累'，又是什么呢？"

台下又有人大声说道："就是'物累'，没错！"

鼹鼠小姐笑着说道："谢谢大家的回应！我想给我们这些明白生活真谛的橡树国人一些掌声！"

这次的掌声更加热烈了，刚才那位提问的评委还不时回头观望。他推了推架在鼻子上的金丝眼镜，把目光又投向了鼹鼠小姐。

鼹鼠小姐感到自己突然有了很多想法，它们从自己的脑海中冒了出来。鼹鼠小姐已经完全放松了，甚至开始喜欢在台上演讲了。她想了想，继续说道："节俭其实还意味着要制订计划。你要有计划地购买，对比性地选择，并尽量减少不必要的消费，坚持精买必要物品。为了落实这个计划，我们应对家里的各种生活物资的数量和经济情况了然于胸，比如家里的米还能吃多久，买的菜还能存放多久，我们的钱还能花多久等。我们必须做到心中有数，做到合理统筹分配，按照生活的需求来消费和购买……

鼹鼠小姐又举了许多生活中的例子，并慢慢走回演讲桌的位置，她说："看起来金额相同的钱，其实是完全不同的，这和人们赚钱的方式有关，比如有的人赚钱容易，而有的人却很难。而且人们对花钱的态度也不同，根据对钱的态度不同，人可以分为3类，一类是节俭的人，一类是吝啬的人，还有一类是浪费的人。节俭的人追求性价比高的商品，不会过度消费，只会购买最合适的商品，以保证生活的舒适性；吝啬的人无论是该花还是不该花的钱，都不会花，完全不管生活的需要，只会一味省钱并爱占小便宜，因为占小便宜在他们眼中也是省钱；浪费的人则正好相反，他们对金钱的感觉并不强烈，对价格也不敏感，他们同样没有明白金钱的真正价值和生活的真谛。"

鼹鼠小姐问道："大家说，我们应该做一个什么样的人呢？"

大家齐声说道："节俭的人！"

鼹鼠小姐笑着说："说起来容易，但做起来可并不容易啊！即使我们今天暂时明白了，今后也还需要不断地在实践中思考。我最后总结一下，要想真正做到节俭，首先要规划自己的生活，客观合理地看待自己的欲望和需求，我倡导的最简生活模式，大家也可以参考；其次，要对自己的物资储备和资金状况相当了解并做好购买计划，避免浪费或不足；最后，大家也要注意在生活中避免攀比消费和欠缺思考地随大流等。希望大家都能做节俭生活的实践者和传播者，让橡树国的居民都能学会智慧生活。也祝愿我们的橡树国越来越繁荣，橡树国的居民越来越幸福！"

鼹鼠小姐再次走到演讲台中央，深鞠一躬后说道："谢谢大家的聆听，我的演讲到此结束。"

此时的台下，大家都站起来了，并发出雷鸣般的掌声。人群中，企鹅先生跑上演讲台，给了鼹鼠小姐一个深情的拥抱，全场的掌声更加热烈了。

评委席中突然传来一个低沉、略带磁性的声音："鼹鼠小姐，你讲得非常不错，希望你能在下一轮向全国的居民演讲，恭喜你！"刚才聚光灯只照亮了演讲台，此时会场的灯都亮了起来。鼹鼠小姐看到讲话的正是刚才打断她演讲的那位评委，他皮肤黝黑，戴着一副金丝眼镜，在光线的照射下，显得很有精神，他的评委席座位牌上写着3

个大字："猪博士"。

鼹鼠小姐果然不负众望，在随后的全国演讲中发挥得更加出色，最后获得了橡树国首届理财大赛的冠军。在颁奖晚会上，国王亲自接见了她，给她颁发了奖牌，并送给她了一个红色的理财日记本，希望她能将自己的故事写在里面，以帮助更多的人。这个日记本红色封面上的字是金色的，并且配有一把黄铜做的精致密码锁。这个日记本不光可以用来写日记，里面每一页的页眉处都有橡树国经济学院院长猪博士写的理财秘籍。鼹鼠小姐非常喜欢这个日记本，她如获至宝地摸着本子，陶醉得甚至差点忘记去领那笔冠军奖金。

居民们给鼹鼠小姐送了许多鲜花，以感谢她的精彩演讲。猪博士也亲切地握着鼹鼠小姐的手说："孩子，我没有看错你啊！当时我还打断你的演讲，请你见谅。"

鼹鼠小姐忙说："猪博士，您客气了！只要能得到您的肯定，无论您打断多少次，我都愿意。"鼹鼠小姐心里有点儿激动，要知道这可是橡树国鼎鼎大名的猪博士，是这里最具智慧和声望的人。

"孩子，我看你这么年轻，可懂得的道理却很深刻，这些你都是从哪里学来的呀？"猪博士问道。

"我父亲教给我的，从小他就这么教育我们姐妹。"鼹鼠小姐忙说道。

"真是一位了不起的父亲。我看你在参赛资料上写着，你来自宝石国。"猪博士说道。

"是的，我在那里出生，刚和企鹅先生来到橡树国。"鼹鼠小姐说道。

"宝石国是一个古老的国家，那里有很多独特的智慧。你知道吗？我们算是老乡啦！"猪博士又习惯性地往上推了推眼镜，看着鼹鼠小姐说道。

"是吗？怎么会？"鼹鼠小姐惊讶地说道。

"是的。我出生在宝石国，但成长在橡树国，那里还有我的很多亲戚呢！"猪博士笑道。猪博士平时很严肃，但此刻鼹鼠小姐觉得猪博士十分和蔼可亲。

"猪博士，我有个请求，请您一定要答应！"鼹鼠小姐看着猪博士，语气诚恳地说道。

"孩子，你说，只要是合理的请求，什么我都答应啊！哈哈！"猪博士笑着说道。

"我想做您的学生，请您答应吧！"鼹鼠小姐说道。

"没问题，我也很高兴能收你这个'冠军学生'呢！这样吧，这个月我很忙，等到了下个月的今天，你带上你的家人来我家做客怎么样？"猪博士说道。

"好的，一言为定！"鼹鼠小姐和猪博士握手道别。她找到人群中正在侃侃而谈的企鹅先生，说道："亲爱的，我们回家吧！我发现你的演讲能力也提升不少啊！"

企鹅先生红着脸说："我只能在台下演讲，但到了台上就不行啦！不过，我真为你感到高兴，你的演讲太棒了，打动了这里的所有人。"

"谢谢，我也看到了你为我所做的，演讲成功也有你的功劳呢！奖金我们一人一半。"鼹鼠小姐说道。

"那不行，奖金全都归你，这是你的功劳。再说了，你给了我，我不知又要花到哪里去了。"企鹅先生说得没错，他有一些不够节俭的小毛病，这也是他听完鼹鼠小姐的演讲后感觉自己需要改正的，而这也为他日后的成功奠定了坚实的基础。

第三章

猪博士的邀请函

第一次去猪博士家是在理财大赛结束一个月后。

快到了和猪博士约定的那天，鼹鼠小姐突然发现自己当时居然忘记要猪博士家的地址了。鼹鼠小姐正在犯愁之际，却突然收到了一封邮局的挂号信。她打开信封一看，居然是猪博士寄来的一封邀请函。

邀请函上面写道："尊敬的鼹鼠小姐，你好！我是猪博士，欢迎你带上你的家人来我家做客。3 日后上午 10 点，我将派我的管家大黄先生开车去接你们。非常期待你们的到来！"

3 日后上午 10 点，一辆崭新的黑色加长豪华轿车停在了鼹鼠小姐家的楼下，当时鼹鼠小姐和企鹅先生初到橡树国，还租住在市区一栋简易的楼房里。司机大黄先生是一只金毛犬，他戴着司机帽，穿着一身蓝黑色的西装，戴着一副蛤蟆镜，显得很酷。大黄先生请鼹鼠小姐和企鹅先生上车后，就一阵风似的开车向猪博士的家驶去。

橡树国三面环山，一面临海。猪博士的家在南面的山上，和鼹鼠小姐后来的新家所在的北山不同，这里没有成片的橡树林，只有零星的几棵散落在这片土地上，但它们的个头明显是"巨人型"的，树龄有的高达上万年。

大黄先生告诉鼹鼠小姐，车程大约为一个小时，但实际需要一个半小时，因为猪博士的家非常大，从山下的大门到山上的宴会厅还需要开半个小时，毕竟是山路，开车的速度会慢许多。鼹鼠小姐和企鹅先生对视了一下，他们都吃惊地睁大了眼睛、张大了嘴巴。鼹鼠小姐心想："怎么有的人的家会这么大！简直不可思议。从大门口到宴会厅需要半个小时的车程，那岂不是整座山都是自己的！这和自己与企鹅先生那仅够生活的几十平方米的临时小屋，简直就是天壤之别啊！"

大黄先生见他们夫妻二人都不说话，便放起了轻音乐，是一首优美的古典吉他曲。这可是企鹅先生的最爱，他很快就沉浸在这美妙的音乐中了。鼹鼠小姐则把目光投向窗外，在音乐中欣赏着沿途的风景，要知道她才刚刚来到这个国家，这里的一切对她来说都是陌生与新鲜的。

轿车在城市笔直的大道上飞奔，一路畅通无阻。当车渐渐驶离市区，两边的高楼大厦少了，取而代之的是一排排整齐的果树。当时正值金秋，各色的果实挂满了枝头，沉甸甸的，把树枝都压弯了。

鼹鼠小姐高兴地推着企鹅先生的胳膊，说："亲爱的，快看，原来这里有这么多种类的水果啊！"鼹鼠小姐是名副其实的"水果女王"，她最爱的就是这些琳琅满目的连企鹅先生都叫不出名字的水果。

企鹅先生也高兴地说："是的，我们来这里是没错的。这里既有我爱吃的鱼，也有你爱吃的水果，以后我天天给你买水果吃！"

大黄先生把自己一侧的车窗降下来一些，以让外面的新鲜空气进入车里。鼹鼠小姐就坐在大黄先生的后面，顿时觉得水果的香味已飘满车内。

大黄先生说："今天猪博士请了那次大赛的所有参赛者，也准备了美味的水果，只可惜我们家族对很多水果过敏，所以我无法为您详细描述。"

"是吗？猪博士真是个有心人。"鼹鼠小姐说道。

"是的，猪博士的家族对国家而言是有功之臣，连国王对他们家的人都是非常尊敬的。"大黄先生说道。

"我感觉到了，这里的人都很爱戴猪博士。"鼹鼠小姐说道。

"嗯，是的。猪博士的可敬之处，不光是他的家族有功，更在于他通过发展经济，让橡树国繁荣起来，而且他通过实践让自己和很多追随者也都富裕起来了。"大黄先生说道。

"他不是靠继承祖先的财富而成功的吗？"鼹鼠小姐好奇地问道。

"不是。猪博士的祖辈很早就来到这里，猪博士的家族曾经辉煌过，但也曾没落过，是猪博士复兴了自己家族的事业，而现在他醉心于教育事业，国王多次邀请他担任政府要职，他都拒绝了，他绝对是一个非常了不起并值得信任的人。"大黄先生说得没错，他已经追随猪博士十几年，是猪博士最信任的管家，今天也是猪博士特别安排他来接本届理财大赛的冠军鼹鼠小姐的，别的参赛者则由大黄先生的下属负责接送。

鼹鼠小姐看了看车上的表，已经快 11 点了。

这时，他们的面前出现了一座大山。山不是很高，但有很多山峰，山峰上的树林深处隐约有各类风格迥异的城堡。

"这就是猪博士的家吧？"鼹鼠小姐问道。

"是的。这里一共有 7 座山峰，其中 5 座是猪博士的家，另外 2 座原本也是国王赏赐给猪博士的，但猪博士没有要，而把它们分别修建成了度假酒店和人造滑雪场。猪博士的想法是，将来要把这里还给国家。他说世界上最好的东西一定是属于大家的，只是国王的盛情难却，他不好拒绝。"大黄先生边说边把自己和副驾驶位两侧的车窗又降下来些。

"拐过这个弯儿，就到博士家啦！这里的空气很清新，我也会开慢些，你们可以看看这里的景色啊！你看，前面那棵大橡树，已经有一万多岁了，也是咱们国家树龄最高的橡树。"大黄先生将车头转了过来，指着前面的一棵大树说道。

在这棵大橡树面前，车就像一只小甲虫。这棵橡树最少也有几十米高，树干估计几十人都合抱不过来。鼹鼠小姐感觉自己进入了一个巨大的橡树王国，她透过车窗，仔细地看着这棵参天大橡树，不禁啧啧称赞："怪不得叫橡树国啊！"

大橡树的后面就是入山的大门了，在他们的车即将到达时，大门就自动打开了。大门的设计很独特，它不是普通的铁门，而是一排银色的铁柱，从地下延伸向上，看似简单，却很实用。在这些铁柱缩回地面后，他们的车便可顺利通过了。

企鹅先生原本就是一个"科技迷"，看到这设计巧妙的大门，他对猪博士更加敬佩了。

大黄先生继续说："猪博士不光懂经济、会理财，还爱好科技与环保。这里沿途是没有一盏路灯的，但到了晚上地上的石板都会发光，你们有机会晚上来的话，一定会以为自己进入了一个童话世界呢。"

企鹅先生更加向往猪博士的家了，坐在一旁的鼹鼠小姐看到这里，心里不免有点想笑。要知道，企鹅先生来这里的目的原本只是陪鼹鼠小姐，他故步自封，向来是谁也不服的，这让鼹鼠小姐很伤脑筋，因为要想让企鹅先生有丝毫改变，从来都是很难的。很多时候他们都是以争吵来解决问题的，但鼹鼠小姐知道，丈夫的妥协只是出于对自己的爱，而非他真正认识到自己的不足。

宴会厅坐落在靠北边的那座较低的山峰上。汽车停在了宴会厅的大门口，一条红色的地毯从下车处一直铺向屋内，地毯的两旁是盛开的各色鲜花，这里像是鲜花的海洋。

大门的一侧停了大约十几辆这样的汽车，看来其他的受邀人员已经到了。门口站着很多人，他们正围着一对老人有说有笑。鼹鼠小姐一眼就看出那对老人正是猪博士夫妇。

她拉起丈夫企鹅先生的手，飞快向门口跑去。

"嗨！看谁来了，我们的理财冠军，哈哈！就等你们啦！"说话的是当时一起参赛的喜鹊小姐。

鼹鼠小姐看到来宾有兔子大姐、松鼠小姐、羊驼公子、猴子大哥、公鸡先生、斑马公子、燕子小姐、灰鸽女士、孔雀公主和小象王子等，加上他们的家人，现场的来宾有二十几位。

鼹鼠小姐跑过去和大家一一握手，最后来到了猪博士夫妇面前。鼹鼠小姐激动地握着猪博士的手，说："太感谢您的邀请了，感谢您让我感受到这一切。"

"傻孩子，忘了咱们是老乡啦！你还是理财大赛冠军，这是你应有的待遇，我夫人还特地为你们准备了大餐，待会儿一定要好好品尝啊。"猪博士笑着看向夫人。

"早听说有这么一位聪明伶俐的小鼹鼠，今天终于见到了，果然很机灵啊！的确配得上冠军的称号。待会儿多吃点，我做了很多好吃的呢！哈哈！"猪博士夫人拉着鼹鼠小姐的手笑着说道。

"见到您，我也很高兴！怪不得猪博士如此成功，原来是有您这位贤内助啊！我得多向您学习呢！嘿嘿！"鼹鼠小姐也笑着说道。

"对了，鼹鼠小姐，你的丈夫来了没有啊？"猪博士问道。

"来了，他不太爱说话，尤其不善交际，不过他是个踏实肯干的好人，您待会儿可要多开导开导他呢！"鼹鼠小姐边说边把企鹅先生介绍给猪博士夫妇。

企鹅先生突然感觉自己的舌头好像打了结一样，变得不听使唤了，自己的双手和双脚也像灌了铅，变得十分僵硬。他吞吞吐吐地说："猪博士、夫人……好！"

企鹅先生出生在冰天雪地的南极国，那里渔业资源丰富，但缺乏其他的资源，企鹅们已经习得了应对严寒环境的各种本领，但都多少有点社交恐惧症，毕竟通常只与熟悉的家人朋友待在一起，和陌生人见面的机会很少。那时，鼹鼠小姐总认为他们很冷酷，对他们并无好感。要不是一次意外的遭遇，她还不了解自己的丈夫企鹅先生其实是一个外表冷酷、内心火热的人，她当初还把企鹅先生戏称为"南极人"，但现在他们是最默契的伴侣。

猪博士夫妇显然被企鹅先生呆呆笨笨的形象和支支吾吾的谈吐逗乐了，猪博士抢先说道："企鹅先生，欢迎你！千万不要拘束，就把这里当成你们的家吧，你们在橡树国的另一个家，以后你们可以常来。要知道，在这个国家还能见到老乡，可是一件大喜事。"

"知道！明白！谢谢您和夫人！谢谢！"企鹅先生受宠若惊，只知道一个劲儿地道谢。

鼹鼠小姐忙拉着丈夫的手，说："我们进去看看有什么可以帮忙的。"

猪博士笑着说："好的，你们先进去参观一下，12点准时到二楼的宴会厅。还有几位朋友没来，我们再等一会儿就进去。"

猪博士等的人其实是大赛的那些评委，他们都受到邀请来参加这次宴会。

鼹鼠小姐拉着企鹅先生走进一楼大厅，大厅的正中央放着一架白色的钢琴，斑马和羊驼两位公子正在那里上演二重奏，优美的钢琴声在大厅里回荡。正对大门的是一面巨大的淡绿色玻璃墙，外面的光线正好照入大厅。隔着玻璃墙，鼹鼠小姐看到一架直升机降落在草坪上，从直升机上走下来的正是那些评委，他们也都是橡树国有头有脸的人。猪博士和他们热情地打过招呼后，就向玻璃墙这边走来，原来这面玻璃墙竟是可以自动打开的隐形大门。

鼹鼠小姐知道，宴会就要开始了，她拉着企鹅先生向二楼走去。

那日的午餐，是企鹅鼹鼠夫妇吃过的最丰盛的一餐。席间，鼹鼠小姐将口才发挥到了极致，再次给那些评委留下了极为深刻的良好印象。

用餐完毕后，猪博士对鼹鼠小姐和企鹅先生说，希望他们等一下，等送走这些客人后，有话要对他们讲。没过多久，猪博士回来了，他对企鹅先生和鼹鼠小姐说道："刚才人太多了，很多话不便细说。不知你们吃好了吗？"

"吃好了，吃得很饱，太感谢您的盛情款待了。"鼹鼠小姐忙说，企鹅先生也点头表达了谢意。

"是这样的，你们都是好孩子，现在都很年轻，我也有很多话想对你们说，你们愿意在这里住一晚上吗？晚上我们共进晚餐，我还想带你们看看很多好玩的地方呢！"猪博士笑着说，眼神流露出善良与真诚。

"那再好不过了！"企鹅先生说道，几乎同时，鼹鼠小姐也说道："那多不好意思，太打扰您了吧！"

"哪里啊！这里虽然很大，但人太少，孩子们也都在城里工作或国外留学，我们夫妇也希望你们能经常来做客呢！哈哈！"猪博士说道。

晚餐时，猪博士问鼹鼠小姐："你知道自己为什么会获胜吗？”

　　鼹鼠小姐表示并不清楚，只说只是把自己的理解说出来罢了。猪博士却说：“你知道吗？你的那句‘节俭是为了更好地生活’，已经成为橡树国居民的一句至理名言了。你把大家的关注点从单纯的节俭省钱，转移到了对生活的合理安排上，这不光对居民的个人家庭有益，对国家也是一种贡献呢。为此，国王还多次夸奖过你呢！他说，‘要是每个橡树国人都能这样理性消费、智慧生活，那橡树国将来一定会更加美好的’。”

　　“国王也夸我了吗？太好了！”鼹鼠小姐高兴地说道。

　　“是的。不过，演讲毕竟只是‘纸上谈兵’，来自生活的真正考验才刚刚开始。大自然会奖励那些通过考验的人，虽然我可以直接帮助你们，但我不能这么做，否则我就违背了大自然的本意，因为经过奋斗而取得的成果才是最珍贵的。不过我可以从侧面帮助你们。下个月的今天，还是同一时间，我会让大黄先生接你到经济学院上课，希望你能完整地上完我的 3 堂理财课，将来一定会有用的。”猪博士很认真地说道。

　　“3 堂理财课，好的，我记住了，请您放心，我一定用心学！”鼹鼠小姐的眼眶湿润了，初来橡树国的他们其实生活得并不顺利，也受到了不少冷遇，今天能碰到一位真心愿意帮助他们的人，且对方的地位又是如此之高，让她不禁喜极而泣。

"孩子，你有一个好父亲，还有一个好丈夫，有什么难过的呢？晚上我带你们四处转转，这里还有很多好玩的地方呢！哈哈！"猪博士笑着说道。

企鹅先生也感触颇多，他听到猪博士夸自己，也壮着胆子对猪博士说道："猪博士，我有一个问题想问您！"

猪博士眯着眼，看着企鹅先生，笑着说道："我看你一直都没说话，也不知你今天玩得开心吗。有什么问题就问吧，不必太客气了。"

企鹅先生慢吞吞地说："我也想让鼹鼠小姐过上您这样的生活，我该怎么做呢？"

"那只有去创业才行，仅靠打工是永远也实现不了的！"猪博士回答道。

"该选择什么行业才会像您这么成功呢？"企鹅先生又大声问道。

"选择自己喜欢的！从事任何行业其实都有可能成功！"猪博士答道。

"我没经验怎么办？我怕自己不行啊！"企鹅先生把

心里话全说出来了。

"那就去想创业的行业打工，积累经验。记住，想成功，就永远不要说自己不行，而要想想怎么才能行！"猪博士说道。

"明白了，但我们现在的经济情况不太好呢！"企鹅先生又说道。

"那就得先从节俭开始了，先要攒一笔钱才行。这虽然是常识，但也是你实现财富自由的必经之路，这个过程也会帮助你重新认识金钱。具体的方法，我都会教给鼹鼠小姐的。而你，就要学习创业的知识了。"猪博士说道。

猪博士还告诉企鹅先生，打工也可以致富，但要想变得更加富有就得去创业了。而创业也需要制订计划，猪博士还拿门口的那棵万年大橡树举例，因为再大的树都是从一粒很小的种子成长起来的，一个企业的使命就好像这粒种子的DNA，企业和树一样，要先生根再发芽成长。世界上很多成功的人，都是在很小的时候就立志要做一番大事业的，可见计划制订得越早越长远，计划的力量就越大。

企鹅先生按照猪博士的建议，给自己未来的企业做了个"十年计划"，包括种子年、生根年、扎根年、破土年、成苗年和成材年等。

企鹅先生对猪博士说："太感谢您了！我想，鉴于目前的状况，我们还是应该先做好眼前的事情，再工作几年以积累行业经验，并通过积极理财来积累一些财富。等待机会成熟后，我们将开始创业的人生，像您一样做一番大事业。"

一旁的鼹鼠小姐看到自己的丈夫终于迈出了第一步，敢于和比自己更成功的人交往了，她非常感动。鼹鼠小姐知道，这对企鹅先生来说是何等重要，因为一般的人是很难让"执着"的企鹅先生有丝毫改变的。

企鹅先生也很激动，他打开了话匣子，继续说："老师，不瞒您说，我们现在的状况其实并不好，可以说我们还在山谷里，我不知道自己有没有能力让状况好转，我也非常痛苦，不知该如何是好。"

"你确信自己在山谷里吗？那要恭喜你了！哈哈。"猪博士微笑着说道。企鹅先生一头雾水，不知该怎么接话。

"你想想，如果一个人正在山谷里，那他们面对的就只有向上走的路，而当他到达山顶的时候，就只能向下走了。也就是说，人在低谷的时候，其实已经开始准备成功了，而人走到山顶的时候，就往往离失败不远了。你明白了吗？"猪博士说道。

"我明白了，您是说要想成功，就必须要行动起来。如果我因为自己在山谷里就灰心失望而不去行动，那么我就会永远在山谷里了。"企鹅先生说道，不难看出他的悟性也很高。

"是的，只有走出山谷，才能收获经验和财富；如果走不出来，就只能继续在山谷里经受磨难啊。"猪博士说道。

"我该如何走出来呢？我现在还在打工，离获得创业所需的资本还有很长的距离。"企鹅先生喃喃自语。

"创业是一条可以让人变得富有的道路，但并不一定适合每个人，而且你要问自己到底是不是真的想变得富有。"猪博士又说道。

"难道有人不想变得富有吗？"企鹅先生是个有追求的人，他对别人并不了解。

"是的，有些人不想变得富有，现实也证明了这一点，你可能会说，那是因为他们缺少机会，但真相是他们并不想真正变得富有。"猪博士说道。

"怎么会呢？不太可能吧！"企鹅先生问道。

"他们心里都不想致富吗？我可是全心全意想致富

呢！"企鹅先生笑道，但心里却有一丝酸楚。

"我问你一个问题，你为什么要致富？"猪博士问道。

"我想给我的家人好的生活，所以我得赚很多钱。"企鹅先生坚定地说道。

"赚多少钱？你准备怎么安排这笔钱呢？"猪博士继续问道。

"这个我还没想过呢！"企鹅先生也发现自己的想法太简单了，甚至心里还飘过一丝疑问："难道想想就会实现吗？怎么可能呢！"

猪博士已经看出他的不自信了，说："你听说心想事成吗？不过想要心想事成，关键是怎么想，也叫相信相信的力量。当一个人还没有想好钱的用处时，大自然是不会给他钱的，但这其实也是对他的一种保护。我不知道我这样讲，你能不能理解。"

企鹅先生怔在那里，居然一时说不出话来，他的眼里已满含泪水。对于一个初来橡树国"橡漂"的青年，他正经受着生活的历练。他一直认为自己不能成功是因为没有机会和运气不好，从来没有想到还有自己的原因，他很自责为何没有想到这点。

猪博士的脸上浮现出异样的神情，他想起了自己年轻的时候也是这样的懵懂无知，他关切地看着企鹅先生，说："孩子，这不怪你，因为你还年轻，你还不懂得如何借助大自然。你要想变得成功与富有，就要敢于向大自然'要'。"

企鹅先生愣了一下，然后问道："向大自然要？什么是大自然？不是应该向自己要吗？比如勤奋读书、努力工作。"

"那样只是具备了要的基础，我的意思是你要的财富必须要有合理正当的用途，否则是要不到的，比如很多人赚钱其实是出于谋求私利和贪婪之心。其实，太多的金钱也可能换不来真正的幸福，甚至是有害的，如一些人有钱后往往变得目空一切，甚至肆意挥霍钱财，而那就是衰败的开始。真正的富人一般都很节俭，因为他们知道自己要花钱做的事情有很多。记住，一个人的奋斗目标往往决定了他能获得多少财富，如你为自己奋斗，那你获得的财富可能只够满足自己对衣食住行的需求；如你为家庭奋斗，那你也许就会获得保障家庭生活所需的财富，而如果你为更多人奋斗的话，那你可能会获得更多的回报。就像一个企业服务的客户数量决定了其收入状况，即服务的客户越多，则收入越多。所以，要想成功与致富，你就一定要让大自然明白你真正的用意。而所谓'大自然'，就是我们的生活！"猪博士说道。

"所以您刚才说如果我没想好如何使用这些财富，大自然就不会给我，因为它想保护我。难怪有些人虽获得了一笔横财，但结局往往并不好。"企鹅先生顿悟了。

"是的，艰苦地生活也有好处，就是可以增长你的才干。如果你为自己奋斗，可能只能获得你个人所需的财富；如果你为了家庭而奋斗，那获得的财富可能会更多。而我选择为橡树国而奋斗，所以国王就给了我这么多，尽管我并不想要。"猪博士低沉而有磁性的声音，在空阔的房间里回荡。

"对，我一直都在想自己如何才能尽早成功，如何才能给鼹鼠小姐更好的生活，但事实是因为经济紧张，我们连生孩子的计划都推迟了。我根本不知道怎么向大自然'索取'财富，也从不相信大自然能给予我财富。"企鹅先生说道。

"其实，生活是琐碎的，大自然就像一位好心的家长，但家里的孩子实在太多了，所以它既听不清孩子们说话，也无法用语言与孩子们逐个沟通，不过它有一个本领，就是可以'心灵感应'，凡是善意的行为都将得到回报。"猪博士解释道。

"所以，一个人只要好好生活，就相当于在合理地向大自然'要钱'啦！因为孩子虽多，但家长最终会照顾到每个孩子的，过分担忧实属不必要啊！"企鹅先生感叹地说道。

"是的，但你要相信它，你们才能心有灵犀。社会上的现象是富人少而普通人多，这就决定了富人的财富思维和大众所想的不同，有时甚至截然相反。普通人只相信自己的能力，但个人的能力是很有限的，所以成功也要靠运气，而明白这一点的人更相信大自然的善意，其成功实属必然，只是程度不同而已。"猪博士又说道。

猪博士的意思是：在生活中，一个人陷入困境往往是自己的问题导致的，但真正的出路并不在于仅仅解决自己的问题，而是要从解决更多人的问题出发，比如家人和社会大众的问题；另外，不光生活，创业也是如此，坚持为更多人服务，那么财富总能从各个渠道向你涌来。

用猪博士的话讲就是，"只要你内心有这样的信念，即使短期内可能濒临绝境，但大自然总有办法来帮你解决，就像人们常说的那样，虽然门是关闭的，但大自然却悄悄为你开了窗"。

"我明白了！"企鹅先生说道。

"对。只有真正聪明的人才能'要'到钱，整天怨天尤人或幻想着'天上掉馅饼'，都是不明智的行为啊！"猪博士笑着说道。

"如何才能成为一个聪明的人呢？"企鹅先生再次问道。

"一个人要想变聪明，我觉得必须要学会两点，第一点就是要用倒序的眼光来看现实。"猪博士继续解释道。

"什么是用倒序的眼光来看现实呢？"一旁听得入迷的鼹鼠小姐插话道。

"就像看一部电视剧，当你看完一遍再看第二遍时，你总能发现很多之前没有注意到的关键的人物和事件，只有这些要素一个接一个地发挥作用，才会导致大结局的出现。在生活中，很多人年老以后最大的遗憾就是年轻时没有做自己想做的事情，或者没有好好教育自己的子女，抑或没有认真对待另一半。当然，我想说的并不仅仅是这些，而是，我们应当更加重视生活中遇到的每一个人和发生的每一件小事，因为正是这些要素在影响着我们。我们最好要把自己调整到能让自己发展得越来越好的那条轨道上。"猪博士说道。

"老师，我好像还不是很明白，您是说要以发展的眼光来看待问题吗？"企鹅先生问道。

"这个呀，等你们到了我这个年纪就会更明白的。人生的道路看似很多，但适合你的最佳道路往往只有一条，就算只有一个环节失误，结果也会大为不同。年轻时，我们大都是很随性的，不太能真正看懂发生在我们身边的事，也不太能看清我们遇到的每一个人。但聪明的人往往很慎重，他们通过观察自己身边事情的变化来判断事物发展的方向，因为好的方向会让我们得到大自然积极的响应，而不好的方向则会把我们带偏甚至带往反方向，这就需要我们随时调整，以找到自己最佳的人生道路。"猪博士讲得很认真，他的确想帮助这对年轻人，但光告诉他们知识理念并不够，必须让他们拥有成功者的思维，那样他们才能真正成功。

"我明白了，人生就是一连串的选择，每次选择都在考验我们的智慧，比如今天我们能遇到老师您，就预示着我们必将成功，只要保持好的方向即可，是这样吧？老师！"鼹鼠小姐也看到了希望，在此刻之前，她的眼中满是对这个优雅而富丽的住所的羡慕之情，她觉得自己永远也不可能拥有。但现在她不再这样想了，她相信自己和企鹅先生只要共同努力，就一定会有美好的未来。

企鹅先生也很有感悟，他决定不再像过去那样说话不慎重了，因为他之前说话都是不过大脑的，甚至有点口无遮拦，而那是不对的。他也不再天天去想那些达不到的目标和不愉快的事情了，而是开始留意生活中遇到的每一个人和发生的每一件小事，他经常在想这些会引发自己怎样的人生剧情，而自己又该如何去应对，他突然感觉自己成熟了许多。

"老师，那一个人要想变聪明就必须学会的第二点是什么呢？"鼹鼠小姐在一旁又问道。

猪博士看着他俩的目光逐渐变得坚定，心里也很高兴，他从衣服口袋里掏出一枚橡树国硬币，轻轻抛向空中。接着，银色的硬币落在餐桌上旋转起来，猪博士说道："你们说说这枚硬币有几个面呢？"

"当然是两个了，正面与反面。"企鹅先生不假思索地说道，但他马上就有点后悔自己说得太快了。

"应该还有一个"面"——侧面。"鼹鼠小姐看着桌上旋转的硬币说道，而这枚硬币在她话音刚落时便不转了。

　　猪博士拿起这枚硬币看了看，说："鼹鼠小姐是很聪明的，企鹅先生要加油啊。一般人都认为硬币只有两个面，这是没错的，但聪明的人是能看到第三面的。就像看待一个事物，普通人只会看它对自己是好还是坏，而聪明的人能同时看到好处和坏处，所以他们能明白事物发展的规律。就像企鹅先生认为在山谷是不好的，但好处就是，你只要去行动，后面的状况往往会越变越好，因为你将面对的都是上山的路。"

　　"您是说大众的眼光是二维的，他们只能看到一个面，不是好就是坏；而聪明的人的眼光是三维的，他们可以同时看到两个面，即同时看到这个事物的好与坏，自然可以采取对自己有利的行动，这也叫升维思考、降维行动吧。"喜爱科技的企鹅先生"脑洞"大开，突然说出一些自己都觉得很酷的话来，不禁有点沾沾自喜。

　　鼹鼠小姐很高兴丈夫思维的转变，但她也知道企鹅先生的小毛病，于是拉了一下企鹅先生的胳膊，说："你这么快就从山谷跑到山顶啦，我都追不上你了。哈哈！"

　　猪博士看到后，乐得哈哈大笑，他说："鼹鼠小姐说得很对，人有时不能太过高兴，要知道乐极生悲的道理。企鹅先生，你应该提醒自己在登上顶峰后不要得意忘形，这也是人生的一场修炼。因为只要你能荣辱不惊，那财富往往迟早会来，因为它只是人生修炼的果实而已。一个事物的好坏两面也会随着时间推移而变化，你要做的就是耐心等待这种变化。要记住，好人生才有好理财，光有好理财而没有好人生，那财富也是不长久的。而且绝对的好理财也是不存在的，因为对你有利的可能对别人不利，对现在有利的，可能对未来不利。"

那晚，他们聊了很久，很多想法一直在企鹅先生和鼹鼠小姐的心中萦绕。最后，他们一起起身给猪博士深鞠一躬以示感谢，因为今天对他们来说实在是太有意义了。

夜幕下的猪博士家，就像璀璨的水晶宫，各色的发光材料把这里打造得如同仙境一般。大黄先生说得没错，白天平淡无奇的石板，晚上竟然发出了各色柔和的光线。猪博士还让大黄先生驾驶直升机，带着企鹅先生和鼹鼠小姐在他家上空盘旋观光了好一阵儿。

第二天，大黄先生将鼹鼠小姐和企鹅先生送回了他们自己的家，还告诉他们："猪博士一早就乘飞机去见橡树国国王了，好像有很重要的事情要商量。他还特意嘱咐我，下个月按时去接鼹鼠小姐上课呢！他说，昨晚和你们聊的都是致富的思维理念，但要想成功，还得学会理财的方法和技巧才行。"

　　鼹鼠小姐和企鹅先生感谢了大黄先生，约定好了具体的时间和地点后，就目送大黄先生驾车离开了。随后，他们又回到了自己租住的小屋里，感觉就像做了一场梦一样。

第四章
看望猪博士

"鼴鼠小姐您好，您能再讲讲 3 堂理财课的内容吗？"黑兔先生的一句话，使得鼴鼠小姐一下从回忆中走出来，她马上说道："当然可以，猪博士的理财课，是我上过的最好的理财课。"

"理财课不都是教人如何赚钱的吗？可每个老师都说自己的课程是最棒的，我都不知该怎么选择。"黑兔先生又说道。

鼴鼠小姐笑了笑，对他说："人家说课程好，是为了销售自己的课程，而猪博士的课程是免费的，和那些收费课程并不一样，他只想教育橡树国的年轻人。"

"有什么不同呢？"黑兔先生好奇地问道，他非常渴望成为像鼴鼠小姐这样的有钱人。

"我问你一个问题，财富是什么？"鼴鼠小姐问道。

"财富就是金钱呗，这是谁都知道的常识。"黑兔先生脱口而出。

"猪博士说，财富可以是金钱没错，但财富所代表的，远比金钱的含义更丰富。他认为，财富分为 2 类 4

种，即物质财富和精神财富，而它们分别又可以分为内在的和外在的。内在的物质财富是我们健康的身体，外在的物质财富是未来的金钱的总和；而内在的精神财富是我们积极的心态，外在的精神财富是我们对社会积极的影响。"这些理念鼹鼠小姐早已熟记于心，她一口气就讲完了。

黑兔先生也反复琢磨着这些话，他心里知道，这些都是正确的道理，他说："看来不光金钱和财富不同，有钱人和富人也有所不同呀！"

"是的，实际上真正的富人都对4种财富进行了积极探索和积累，这样的财富才能真正带给你快乐。要知道理财不是目的，理财的真正目的是幸福地生活。"鼹鼠小姐说道。

"可我总觉得自己失去了很多机会，而且社会上的机会也在流失，但我想快点变富。"黑兔先生说出了自己的心里话，不难看出，他是个很上进的青年，但这也使他感到十分困惑与迷茫。

"你的机会和社会上的机会完全是两回事，经济再好的年份也有人破产，经济再差的年份也有人成功。关键是你要专注于自己的机会，并制订一个长期计划，这样才能水到渠成，就算有各种困难，它们也会为你让道的。"企鹅先生接话道。

"谢谢你们！我知道了，我这叫'欲速则不达'。我要制订一个计划，向你们好好学习，等待并抓住机会，直到成功，你们就是我的榜样！"黑兔先生握紧了自己的拳头，这回他知道该如何正确发力了。

"是的，人生就是微笑着等待，因为总有花开的那一天。"鼹鼠小姐感到很欣慰。

兔子大嫂接话道："我看你们自从上了理财课，生活都好起来了。不过猪博士好像生病了，你们不知道吗？"

一番谈话后，鼹鼠小姐才知道猪博士的确生病了，而他们虽然最近与猪博士联系过，但要强的猪博士也并未透露自己生病的事情。打听到猪博士就诊的医院后，他们决定次日就前去看望猪博士。

第二天，企鹅先生驾驶着自己的黑色越野车，带着鼹鼠小姐到了橡树国第一医院。猪博士住的病房在医院专家楼的二楼，他有专属的医学专家和专业护理人员。鼹鼠小姐几乎是小跑着上楼的，她一到二楼，就看到了门口的大黄先生。

"你好！大黄先生，老师好些了吗？"鼹鼠小姐急忙问道。

"鼹鼠小姐，你怎么来啦！博士他好些了，不过身体还很虚弱，正在休息。"大黄先生说道。

"我们能进去看看老师吗？"企鹅先生和鼹鼠小姐几乎异口同声地说道。

"现在不行，还得等一会儿，你们看，那盏灯现在是红色的，等到它变绿的时候，就可以进去了。这也是医生告诉我们的。不过，你们可以放心，夫人在里面陪着博士呢。"大黄先生边说，边指着病房门上方的一盏红灯说道。

于是，他们3个都坐在门口的长凳上等那盏灯变绿。

鼹鼠小姐问大黄先生："老师身体不是一直都很好吗？怎么突然生病了呢？"

"是的，博士生病其实也是很突然的。"大黄先生边说边摘下了墨镜，凝视着窗外。他讲起了3年前，猪博士的一次经历。

原来，3年前的橡树国高层发生了一些变动，国王聘请了来自海丽国的鹰先生担任国家首席财政顾问。鹰先生是非常激进的金融家，曾经指导海丽国在金融行业异军突起，但他为人阴险狠毒，海丽国国王最终并没有真正重用他，只给了他一个虚职。而橡树国以发展渔业和农业起家，后来又发现了丰富的石油资源，经过十几年的发展，有了不少的财政收入，再加上猪博士当年提出的建立国家财富基金的计划大获成功，所以橡树国的国家财富与实力与日俱增。但最近几年，世界经济形势不太乐观，国家财富基金的收益并不好，而石油资源也日益枯竭，所以橡树国的国家财政变得紧张起来。国王在情急之下，不顾猪博士的劝阻，便派人邀请鹰先生担任国家首席财政顾问。

"以鹰先生的性格，他要是知道老师曾劝阻国王聘任他的事，还不怀恨在心、伺机报复吗？"鼹鼠小姐说道。

"我听说过这个鹰先生，他的一项政令，曾让我的月牙河捕鱼公司差点破产，幸亏我后来转到远洋渔业，才渡过难关。"企鹅先生也说道。

"是的，鹰先生绝对是个狠角色，而且是外交高手，他把国王忽悠得团团转，而且处处挤兑猪博士。"大黄先生气愤地说道。

"真难为老师了，他那么善良，而且一心为民。"鼹鼠小姐说道。

"谁说不是呢！在后来的一次国家金融财政年会上，鹰先生和猪博士发生了激烈的争论，猪博士那天回来就病了，毕竟他年纪也大了。"大黄先生又想起了那段伤心往事。

　　猪博士更注重社会的协调发展，而鹰先生则只想快速发展经济。因为猪博士认为，物质文明与精神文明是两条同向共振的曲线，必须保持协调发展，如果光发展物质文明而忽略精神文明，则很难保证物质文明长期繁荣，因为这两条曲线具有一定的相关性。鹰先生则认为，物质文明是真实的，精神文明是虚拟的，不能因虚废实，否则得不偿失。对于猪博士提出的发展教育和开展社会文化活动，他认为那简直就是浪费金钱。

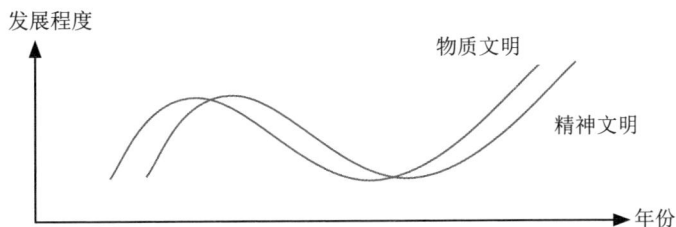

　　"快看，灯变绿了，我们可以进去了！"企鹅先生指着那盏刚刚变绿的灯说道。

　　"是的，我们现在可以进去了。"大黄先生又重新戴上了墨镜，和企鹅鼹鼠夫妇迈步走入猪博士的病房。

此时的猪博士已经完全清醒了，他安静地躺在一张白色的病床上。床边坐着夫人，她正拉着猪博士的手，眼睛紧盯着床头上方那些复杂的医疗数据。

"你们来啦！"猪博士的声音还是那么有磁性，但可以明显感觉到他还是很虚弱。

"老师，您得早日康复啊！我还想再上您的理财课呢！"鼹鼠小姐低声说道。

"好啊，我没事的，还有很多事等着我去做呢！"猪博士说。

"你们把鲜花放下就可以了，病人还需要休息，情绪也不能太激动，请大家回去吧！"查房的白天鹅护士长进门说道。

"孩子们，你们先回去吧！有你们师母照顾我，你们就放心吧。"猪博士说完便闭上了眼睛，他太虚弱了，这次的病整整折磨了他 3 年，身体时好时坏。他每天都睡不好觉，还得吃很多药，尤其是最近 3 个月，他昏迷了好几次。每次他都带病工作，要不是这次夫人执意住院陪同，猪博士肯定又会让大黄先生把那些有关国家大事的文件带进病房。

"老师、师母，我们下周再来看你们。"鼹鼠小姐说完，就和企鹅先生及大黄先生走出了病房。

"大黄先生，老师这里就靠你多费心了，我们下周再见吧。"鼹鼠小姐对大黄先生说道。

"好的，博士太倔强了，下次你们来了再和他好好聊聊。虽然医生还查不出真正的病因，只说是精神衰弱引起的综合征，但我感觉博士得了心病啊！"大黄先生说道。

"心病？那这次是为什么会昏迷呢？"鼹鼠小姐问道。

"还不是与鹰先生意见不合嘛！鹰先生建议国王大力发展金融业，开放金融市场，等等，而猪博士认为橡树国人口较少，内部需求并不旺盛，而加大金融业的杠杆后，一旦碰上全球性的经济或金融困境，那国家的财政根基就会动摇，这样必然会导致经济的大衰退。"大黄先生不愧是猪博士身边的人，他讲的这些理论，鼹鼠小姐和企鹅先生其实都没有完全听懂。

"那国王到底采纳了老师的意见没有呢？"鼹鼠小姐又问道。

"当然没有了，要不然猪博士也不会昏迷了。鹰先生还当众笑话猪博士，说他年老不中用了！甚至还扬言要关掉经济学院呢！"大黄先生愤愤地说道。

"哎！这个鹰先生也太过分了！经济学院可是老师毕生的心血啊！"鼹鼠小姐也气愤地说道。

"这个鹰先生真的很可恶，要是他的计划得逞，那橡树国的将来可就危险了，我也得回去为企业想些对策呢。"企鹅先生说道。

一周后，鼹鼠小姐和企鹅先生来看猪博士了，这次，猪博士的气色看起来好了许多。

鼹鼠小姐看到，几年没见，猪博士的确老了，眼角的皱纹也增添了不少。

猪博士今天又把他的金丝眼镜戴上了，他端详着鼹鼠小姐，说："看到你们现在过得很好，我感到很欣慰啊。记得当年你还是个调皮的毛丫头呢，现在也做了母亲了。企鹅先生也发展得不错，我真为你们俩感到高兴啊！"

"老师，看到您有精神了，我也放心了。我有句话不知当讲不当讲。"鼹鼠小姐神秘兮兮地说道。

"傻孩子，有什么话还对老师藏着掖着吗？快说！"猪博士笑着说。

"我想介绍一位高人给您认识，不知您愿意见他吗？"鼹鼠小姐说道。

这位高人其实是鼹鼠老爸的一位挚友——宝石国的灵龟大师，他不光精通医学，而且对人生的感悟也颇多，是宝石国的一位智者。

猪博士和灵龟大师进行一番深谈后，脸上露出了许久未见的笑容。

猪博士说："我过去一直把工作放在第一位，想运用自己的智慧来将事情做到最好，却忘了自己的智慧其实是有限的，真正高明的做法是运用大自然的智慧。"

灵龟大师说："博士真是聪明人，一点就通，我可用了很多年才弄明白这一点啊！哈哈！"

一个月后，鼹鼠小姐再次去看望猪博士时，已经是在猪博士位于经济学院的办公室里了。

猪博士又恢复了往日的神采，显得更加精神矍铄了。

鼹鼠小姐说："见到您完全康复，真的太高兴了！那个鹰先生还在为难您吗？国王有没有采纳您的意见啊？"鼹鼠小姐问道。

"鹰先生已经离开橡树国了，国王还向我致歉呢！哈哈！"猪博士微笑着说道。

"怎么会这样？您是使用了什么高明的方法，让国王重新信任您的呢？"鼹鼠小姐好奇地问道。

　　"什么方法也没用，我只是按照灵龟大师告诉我的，顺其自然罢了。"猪博士淡淡地说道。

　　随后，猪博士又耐心地向鼹鼠小姐说了灵龟大师告诉他的那些道理。原来，灵龟大师那天曾给他讲了一个故事，说一匹马如果不能按照你指示的方向前进，最好的方法不是违背马本身的意愿，而是要快速试错：如果马的意愿是错误的，那白白地尝试了一圈后，马还是要朝着你要去的方向前进；如果马的意愿是对的，那就不妨顺其自然。

　　鼹鼠小姐听了半天，也没弄懂猪博士的意思，但她听懂的一点就是，猪博士回来后，全盘同意了鹰先生的计划，连国王都以为自己听错了，鹰先生还私下笑话猪博士，说他是病糊涂了。更让鹰先生得意的是，他的计划原本是要分3步走的，但很快就全面试行了。不过，结果却让鹰先生大为恼火。因为一个环节的小问题，最后演变成了全盘的大问题，国王对鹰先生的态度也转了180度，他最后还解聘了鹰先生。猪博士重新得到重用，猪博士还当着鹰先生的面，在国王面前夸鹰先生的思维超前，并表明现在的结果是各部门配合得不够默契造成的，将来还会重新考虑鹰先生的提议，鹰先生当时被气得脸都绿了。

　　鼹鼠小姐听完，笑着说道："太解气了，谁让他当年那么欺负人的！"

　　猪博士笑道："其实他的理念也是对的，只是他太过自私、急于表现了！"接着他好像又想起了什么，说道："对了孩子，过两天，你们原来上课的那栋楼要拆除重建了，学院又将有新的发展了，这回还是国王的意思呢。"

　　"是吗？我还想再去那里看看呢！那里还有我很多的回忆。"

第五章

3 堂理财课 I：致富的奥秘

经济学院的教学楼在办公楼的前面，需要穿过一片整齐的白橡树林，再沿着校园里的柏油马路走几分钟才能抵达。不一会儿，鼹鼠小姐就走到了教学楼前。教学楼是一栋六层的老式建筑，泛黄的白色花岗岩石材覆盖了整栋建筑的外部，显得古朴而低调。这里曾为橡树国培养了很多专家级的人才，也走出了很多精英人士，猪博士就是其中一位。

她推开了六楼最大那间教室虚掩着的大门，仿佛又看到了当年上课的情形……

"同学们，请注意！欢迎尊敬的猪博士为大家授课！"说话的是马助教。

在大家热情的掌声中，猪博士从教室门口大步走上了讲台。今天的猪博士分外高兴，特地穿了一身崭新的白色礼服，头戴白色圆顶礼帽，米黄色衬衣的领口处还系着一个白色的蝴蝶结。他推了推鼻子上的金丝眼镜，看着眼前坐得整整齐齐的学生们，开口说道："同学们，欢迎你们！欢迎来到经济学院的理财课堂！"

　　大家随即报以热烈的掌声，鼹鼠小姐是其中鼓掌鼓得最卖力的一个。鼹鼠小姐发现，今天来听课的学生，不光有那天参加宴会的参赛者，还有许多慕名前来的人，他们把这间全楼最大的教室都坐满了。

　　马助教在旁边说道："今天来的同学很多，请大家安静些，猪博士讲的内容非常重要，大家要认真做好笔记。"

　　猪博士向马助教点头致意，然后笑着对大家说："马老师说得很对。不过，我讲课时喜欢和学生交流，大家可以随时打断我，我愿意做及时的解释。我们都是成年人，成年人交流也可以不用带笔记本，最重要的是用心来感受。"猪博士的理财课其实是面向年轻人的公开课，所以他并不想用规则来约束大家。

　　猪博士接着说："我想问大家，你们来上课的目的是什么呢？"

　　"为了学会理财！"喜鹊小姐抢先说道。

　　"为了变得更有钱，像猪博士您一样！"猴子大哥说道。

　　…………

　　大家七嘴八舌，话虽不同，但大都是想知道怎么理财及如何快速变得富有等。

猪博士笑着点了点头，同时把礼帽摘下来放到了讲桌上，喝了一口马助教递给他的茶，缓缓地说道："那大家是想听迅速致富的方法，还是想听 10 年才能致富的方法呢？"

大家有的说要听迅速致富的方法，有的说迅速致富的方法是不存在的，还是应该听 10 年才能致富的方法才对。

在大家争论不休时，猪博士指着前排比较活跃的兔子大姐说道："请你来回答。"

兔子大姐站起来说道："我认为，致富是一个缓慢的过程，没有人是那么容易成功的，短期致富的可能性是有，但我更相信 10 年才能致富的方法才是最有效的。所以，我选择听 10 年才能致富的方法。"说完，她就坐下了。她坐在鼹鼠小姐的旁边，突然转头对鼹鼠小姐说："你不是这届理财大赛的冠军吗？你有何高见呢？能说来听听吗？"

鼹鼠小姐本来正听得入神，突然被这么一问，也有点发蒙。她站起来，想了想，说道："迅速致富的方法是每个人都追求的，而社会上真正的富人却很少，这说明那一定不是他们的选择。10 年才能致富的方法虽然正确，但做到的人却这么少，我想它也并不容易掌握。但要我选择，

我会选择后者。"

鼹鼠小姐说完后，教室里也安静了许多，大家都在思考鼹鼠小姐刚才说的话。

猪博士的脸上露出欣喜的神情，他突然大声说道："大家说得都没错！人生就是由一次次选择组成的。今天，就请你们在心里种下一粒财富种子。"猪博士边说，边从衣兜里取出一个橡果，他将这个橡果给大家展示了一下，然后说："就像这个橡果可以长成参天的橡树一样，你们心里的那粒财富种子也会长大。橡树从发芽到开花结果，最少需要 10 年的时间，但它可以长到几十米高，活几百岁甚至上万岁。就如同你们心里的财富种子一样，如果你真心选择了，而且无怨无悔、绝不更改，那 10 年后的你也许就会收获丰收的喜悦。"

大家都注视着猪博士手中的那个橡果，似乎过了很久都没有人说话。

猪博士把橡果放在讲桌上，环视教室后，说道："都选好了吗？选择前者的请举左手，选择后者的请举右手！记住，选好了，就不能更改！"

猪博士的话掷地有声，教室里鸦雀无声，每个人仿佛都只可以听到自己的心跳声。最后，大部分人举起了右手，但还有不少人举起了左手。

猪博士缓缓地说道："希望你们是认真的，反正我很认真。举左手的同学可以离场了。"

鼹鼠小姐看到那些举左手的同学不情愿地走了，有的好像还在嘀咕着什么。

猪博士微笑着说："我的课程虽然是免费公开的，但也帮不了所有的人。下面我们正式进入今天的课程。"

大家的掌声变得热烈而整齐了，教室里也没有刚才那么拥挤了，每个人都在专心致志地听猪博士讲课。

猪博士呷了一口茶，缓缓说道："今天讲的主题是，'如何迅速获得财富'！"

猪博士的话引起了一阵骚动，大家心想，是不是猪博士说错话了，怎么刚把选择听迅速致富的方法的人请出去，就又要讲如何迅速获得财富了。鼹鼠小姐也是一惊，她也担心猪博士是不是真的讲错了，她关切地看着猪博士。

猪博士继续说道："你们没有听错！大家看！"他指着窗外那一排排整齐的橡树，问道："你们觉得那是什么？"

大家齐声说："橡树林！"

"但在我的眼里，它们其实就是一个个橡果，当然也是你们看到的橡树林。"猪博士又把那个橡果拿了起来，看了看后，继续说道："普通人往往目光短浅，且喜欢将事物割裂来看，但如果用发展的眼光来看，橡果就是橡树，橡树也是橡果，你们说对吗？"

大家好像有点明白猪博士的意思了，猪博士看事物时是有空间和时间概念的，而普通人则只会看到一个点。所以，普通人对事物发展的原理并不了解，或者已经习惯了用"点的思维"来看问题，而猪博士却总能以更高维度来看问题，猪博士的智慧自然就会比普通人要多许多。

猪博士又说道："当我们把一个个橡果种到那片土地里的时候，虽然它们还没有长成今天的大树，但其实也相当于我们一瞬间拥有了这片高大茂密的橡树林，难道不是吗？这不就是迅速致富的方法吗？"

教室里响起了雷鸣般的掌声，大家都好像可以迅速致富了似的，虽然可能要等 10 年甚至更久的时间，但他们觉得，只要听完猪博士的课程，剩下需要的就是时间了，因为成功与富有已经被放入囊中，就等他们到了时间去取。

猪博士接着说："刚才我请选择了听迅速致富的方法

的那些人出去，是因为他们是急功近利的人，他们和社会上的一些人一样，都在人生中重要的时刻做出了错误的选择。他们不明白的是，10 年才能致富的方法，其实恰恰是最迅速的致富方法。他们更没有弄明白，他们要找的那些能让自己迅速变得富有的方法所带来的财富，其实是其他人留下的果实。所以，从某种意义上说，这种行为本身就是一种掠夺与犯罪！"

鼹鼠小姐看着神采飞扬的猪博士，不由得对他更加敬佩了。她想："我也要在心中种下一个橡果，用 10 年的时间，来打造精彩的人生。"

此时，猪博士已经走到了学生们的中间，他停顿了一下，继续说道："同学们，我们来讲另一个问题。你们说是大钱重要，还是小钱重要呢？"

斑马公子抢先说道："当然是大钱重要了，只有大钱才会让我们实现财富自由，不是吗？"

旁边的羊驼公子则发表了不同的看法："我认为小钱重要，不积累小钱，哪会有可以让我们实现财富自由的大钱呢？"

猪博士说道："你们说得都对，但人们经常做不对。有个奇怪的现象，就是人们喜欢'反着说'。比如，刚才你们各自认为最重要的，其实就是你们现在最缺的，也很可能是你们过去不够关注的。是不是啊？"

两位公子对视了一下后，突然都笑了起来。原来他们都是做石油开发的。斑马公子的家族企业正在向银行贷款，需要一大笔钱，否则公司就会面临资金链断裂的风险；而羊驼公子的家族企业已经上市，目前正在为了优化季度的财务报表而开源节流，尤其需要控制成本，否则股价下跌会让家族财富缩水不少。

鼹鼠小姐对这一点也是很有感触的，她发现很多普通人对钱其实很不在乎，一发工资就会大肆消费，也从不使用消费后获得的优惠券，反而会笑话那些使用优惠券的经济状况较好的人，说他们都钻到钱眼儿里了。但这些穷人每到发工资时，又会嫌自己赚得太少，每天只想着迅速赚大钱。对于这点，鼹鼠小姐一直都觉得很有意思，不明白他们到底是怎么想的。

猪博士接着说："我讲这个问题，主要是想让你们对金钱有个崭新的认识。"猪博士边说边从上衣口袋里掏出两张 100 元橡树币，他双手各拿一张，说道："你们说说，这两张纸币有什么不同呢？"

大家看着两张崭新的纸币，觉得并没有什么不同，所以都不说话。鼹鼠小姐一开始觉得，是不是纸币的编号不同，但又想猪博士肯定有其深意，所以也没有说话，只是盯着那两张纸币。

猪博士说："如果从表面来看，其实它们并无区别，但如果从获得方式来看，二者就大有不同了。"

鼹鼠小姐忽然想起来了，自己也曾有过类似的想法，居然和猪博士想到一起了，心里还有点儿激动呢，不禁喜形于色。

猪博士也看到了她的表情，说道："请鼹鼠同学来说说吧，它们到底有何不同呢？"

鼹鼠小姐赶忙起身说道："尊敬的猪博士、亲爱的同学们，大家好！如果从获得方式来说，两张纸币的确有所不同，我曾在参加理财大赛的时候，也说到了这一点。我发现一些怪现象，有些人一发工资就会去消费，甚至不在意使用消费券可以节省的'小钱'。虽然打工非常辛苦，但他们感觉赚钱是'比较容易的'，因为这笔钱是'别人发的'，只要公司不倒闭，或者自己不被开除，同时按部就班地生活，那么这笔钱这个月花完下个月还会有；而很多做生意的人则会注意节省，并使用优惠券去省钱，因为他们感觉赚钱并不容易，每笔钱都不是'别人发的'，而是'自己赚的',今年赚到了钱,但明年也有可能赚不到钱,甚至如果这个月不努力赚钱,下个月公司的财务状况便会紧张。当然,挥霍无度的生意人和精打细算的打工人也不在少数。归根结底,这些怪现象便是这种'赚钱难或易'的自我感觉导致的。如果我们能认识到这一点,就可以关注一下自己的行为是否有失偏颇了,因为很多行为都是下意识做出的,看似简单,却极易被人忽视。"鼹鼠小姐的口才已是今非昔比,因为曾在大赛上夺冠,她的自信增添不少。

猪博士满意地点点头,请鼹鼠小姐坐下,然后说:"鼹鼠同学讲得很不错,但我还有另外一层意思要说。因为钱有所不同,所以我们要区别对待它们。但如何正确区别对待呢?那就是,你不要因为感觉赚钱容易就大手大脚,也不要因为赚钱不易就畏首畏尾,对钱采取不同态度的依据不应该是它们的来源,而应该是它们的去向。"

看着大家疑惑的眼神,猪博士走到讲台上,又喝了口马助教刚刚添满热水的茶,然后说道:"下面我们分小组讨论钱的去向有哪些,请马助教安排一下。"猪博士可能讲得有些累了,他坐到了讲桌后的一把橡木椅子上,饶有兴致地看着大家热烈研讨。对他来说,这样的活动,已经开展了至少 30 年了。猪博士年轻的时候，就曾在这所大学上学，也曾在这间教室里学习研讨，时光飞逝，他从讲台下的一员成为了讲台上的主角。

在这间教室里，猪博士曾经有个愿望，他希望能帮助和自己一样有理想的年轻人。当时，家族已走向衰败，曾经的辉煌变成人们口中的笑柄。猪博士在承受着巨大心理压力的情况下，毅然考取了这所大学的经济学博士学位，成为家族长辈眼中新的希望。猪博士本来可以到国家有关部门就职，但他选择了在这里当老师，目的就是像今天这样帮助一代又一代的年轻人。猪博士的很多学生已经成为橡树国的栋梁之材，致力于发展国家的经济。连国王都注意到了猪博士的存在，甚至邀请他担任国家首席财政顾问。

猪博士的孩子们也相当成功，他将自己的经济学知识教给了自己的孩子。现在两个儿子都经营着规模庞大的企业，大女儿是橡树国驻星罗国的外交大使，小女儿是海丽国的医学博士。猪博士对孩子们的成功感到欣慰，现在他正把所有的精力都放在对橡树国年青一代的培养和教育上，希望通过经济学院这块阵地，为国家多做贡献。

国王曾多次邀请猪博士担任政府的要职，都被他婉言谢绝，后来国王决定让猪博士担任经济学院院长一职，以满足猪博士的心愿。猪博士还提议并主持组建了国家财富基金，致力于让橡树国真正富强起来。因猪博士对橡树国的贡献巨大，所以国王将橡树国南面的七峰山奖励给了猪博士，希望他继续为国效力，那里现在是猪博士的家。

"猪博士，同学们都已经研讨完毕了！"马助教工作时尽职尽责、一丝不苟。

"好的，请各组选派代表上台发言，并请马助教在白板上做好记录。"猪博士说道。

各组都选派了自己的代表上台发言，马助教将各组的发言要点都写在了白板上，猪博士则用红笔将重复的要点一条一条地划去。

最后，猪博士总结出了钱的几个去向，分别是：日常生活费用、教育费用、养老费用、医疗费用、投资费用和生活品质的提升费用等。

猪博士笑着说："现在你们都还年轻，这些费用其实体现了你们对未来人生的思考。你们现在可能明白一些了吧，一样的钱却有不一样的用途，这才是它们真正的不同。"说完，猪博士又拿出那两张纸币，在空中挥了一下后放入口袋，说道："今天的课程就讲到这里，明天再见！"

"谢谢老师！老师辛苦了！"同学们也起身鞠躬，并目送猪博士离开。

鼹鼠小姐回到家后，兴奋地和企鹅先生分享了今天的课程，并将一些心得写入理财日记本，同时期待着明天的课程。

第六章

3 堂理财课 Ⅱ：财富管理账户

第二天一大早，猪博士精神抖擞地站在教室的讲台上，他正在白板上画着什么。鼹鼠小姐一看，原来老师在画一棵橡树，有树根、树干、叶子和果实。

猪博士说道："同学们，你们来观察这棵橡树有什么特点。"

松鼠小姐抢先说："老师画得非常好！"

猪博士笑着说道："不是让你看我画得好不好，是让你看橡树本身的特点！"

松鼠小姐又说："树根有点长，但橡果有点小！"要知道，松鼠家族的最爱就包括这些橡果啊。

猪博士笑着说："说得没错！我来解释一下吧。"他拿起红笔，在树根处画了一条虚线，在树干和果实之间又画了一条虚线，把一棵橡树分成了 3 个部分。

猪博士说："这就是我们上节课所讲的内容，橡果种下去后，你并不会马上获得财富，而需要等待一段时间。第一阶段是最难熬的，因为即使付出也不会有任何收获，我们称之为扎根期，在这一阶段，根扎得越深，将来树就会长得越高；第二阶段将初见成效，我们会有辛苦付出后的喜悦，但仍然没有收获的机会，只有继续等待和坚持，我们称之为成长期，在这一阶段，根吸收的营养越充分，将来结出的果实就会越大；只有到了第三阶段，也就是收获期，我们才能有所收获，也就是实现财富自由。"

猪博士用手指着自己画的橡树，看了看听得入神的学生们后，又继续说道："所以，有些时候，快就是慢，而慢就是快啊！很多人当年虽也种下了自己的种子，但他们太着急了，在扎根期和成长期就放弃了，实在很可惜。现实中，的确有人并未付出很多努力却意外迅速致富了，其实他们获得的财富正是前面那些放弃的人留下的果实罢了。"

鼹鼠小姐的手中，正紧握着一个橡果，那是昨天猪博士留在讲桌上的，当时马助教本准备将它扔掉，但被鼹鼠小姐拾了去。鼹鼠小姐心想：自己一定要按照老师的方法，坚持下去，不要轻易放弃自己的理想。

猪博士走到讲桌前，喝了口茶，说道："我昨天看到了大家的研讨结果，总结得非常好，说明大家都很用心。学习就是投入多深，感悟就有多深。针对大家提出的这些钱的去向，下面我们一起来学习'721'账户管理模式。"

猪博士在白板上写下"721"这 3 个数字，进一步解释道："这也是在财富种子的扎根期和成长期，你们需要完成的最重要的功课之一。'7'代表 7 个支出账户，'2'代表 2 个理财账户，'1'代表 1 个自动收入账户。"

"如果把财富比喻成一个蓄水池里的水，蓄水池的入水管里流淌着的可能是你的工资，也可能是你通过投资所获得的收益，抑或是企业分红及其他收入等。入水管越多，流入蓄水池的水自然越多。我想问问大家，此时蓄水池的水位是不是一定会上升呢？"猪博士问道。

"当然会，收入越多，财富自然就会越多嘛！"白鸽女士说道。

"不一定，如果出水管也很多，那收入再多，财富也不一定会增长！"猴子大哥说道。

"说得很好！这的确是我要提醒大家的，大家之前可能也学过很多关于入水管的投资本领，但如果你不会管理出水管，那你再辛苦也是白费功夫，甚至是给别人送钱。"猪博士说道。

"所以，家庭理财的关键就是要管好你的钱，我们称之为家庭理财的账户管理。"猪博士走到白板前，在数字'7'的下面，写了 7 个账户的名称，分别是：日常消费、保险、养老、教育、备用金、奖励和慈善。

这时，马助教正将一些印有文字的资料发给每个学生。鼹鼠小姐一看，是一张粉色的 A4 纸，上面写着"猪博士的 721 账户管理细则"，以及对各个账户的介绍。

猪博士的 721 账户管理细则

（一）7 个支出账户

（1）日常消费账户：能够满足一个家庭日常生活开销的账户。

（2）保险账户：专用于购买保险的账户。

（3）养老账户：为了满足自己及父母养老需求的账户。

（4）教育账户：为孩子的出生、上学、成家立业等所准备的账户。

（5）备用金账户：用以应对各种突发情况的账户。

（6）奖励账户：也叫"梦想账户"，用于实现自己给自己制订的奖励计划的账户。

（7）慈善账户：用于慈善捐赠的账户。

猪博士说道："同学们看下刚才马助教给大家发的资料的正面，仔细阅读并结合你们昨天研讨的内容，看看有无新的看法。给大家 5 分钟时间。"

马助教看了一眼墙上的钟，开始计时。同学们则低头认真地看起了资料。

此时，圆拱形的窗外，天气变得阴沉起来，好像还下起了小雨。突然，一道闪电将屋外的一棵橡树劈断了。同学们都把头转向窗外，外面的雨下大了。

猪博士走到窗前，看着那棵被闪电劈断的橡树，断裂处还冒着烟，教学楼的几个工作人员，正赶往那里进行清理。猪博士将刚才还开着的窗户轻轻地关上，转身走到讲台的中央。他看了一眼马助教，马助教也向他点头表示时间已到，猪博士开始说道："同学们，人生就像这天气，早上还晴空万里，现在却乌云密布，明天可能又会是艳阳高照的一天，可谓是变幻莫测啊。所以，对账户的管理，就是为了应对人生中的各种变化。下面我们要进行一场角色扮演，具体由马助教来主持，大家用掌声来欢迎一下马助教吧！"猪博士说完，就带头鼓起掌来，同学们也紧跟着鼓掌，马助教不好意思地笑了一下，但很快又严肃起来。

马助教工作能力很强，平时也不苟言笑。他很快将学生分为了几组，并让他们选出自己想扮演的家庭成员，如爸爸、妈妈、孩子、爷爷和奶奶，然后让他们按照自己的需求研讨账户的管理问题。马助教还要求他们在半个小时内研讨完毕，并由家庭中的"爸爸"来发言。

鼹鼠小姐虽为女性，但组员一致推选她为本家庭的"爸爸"。另外，兔子大姐是"妈妈"，松鼠小姐是"孩子"，猴子大哥和白鸽女士分别是"爷爷"和"奶奶"。这个临时"大家庭"讨论得可激烈了。

半个小时后，马助教就开始组织各组的"爸爸"发言了。各位"爸爸"的发言都很精彩，也得到了大家热烈的掌声，教室里的氛围好极了。轮到鼹鼠小姐发言的时候，猪博士还将椅子特意转向鼹鼠小姐这一边，他也很想知道鼹鼠小姐所在的组是怎么看待这个问题的。

鼹鼠小姐说："大家好！作为全场唯一的'女爸爸'，我的发言如有不足之处，请大家见谅！"大家听她这么一说，都笑了。鼹鼠小姐继续说道："经过家庭成员的热烈讨论，我觉得，钱是不够用的，他们都争着向我要钱……"大家笑得更厉害了。"所以，一定要合理分配，并厉行节俭，否则将来一定会碰到麻烦。我认为，还应增加 1 个投资账户，否则只有出项而没有进项，迟早会坐吃山空的。"

猪博士站起身来，说道："鼹鼠同学说得没错，的确需要有投资账户，不过不是 1 个，而是 2 个，请大家看刚才发的资料的背面。"猪博士说着，已经点头让鼹鼠小姐坐下了，同时也示意马助教到一旁休息。

猪博士说："很多人之所以会浪费钱，其实就是因为不知道人一生中会有哪些花费，如果他们知道未来自己有可能会账户余额不足，哪里还会去浪费呢？而很多人之所以有坎坷的人生，就是因为没有在年轻时做好这些规划啊！"

猪博士的 721 账户管理细则

（二）2 个理财账户

（1）家庭专用理财账户：用于进行各类投资理财的账户。

（2）孩子的理财账户：一个能伴随孩子成长的理财账户，这会是送给孩子的最好礼物之一。

（三）1 个自动收入账户

自动收入账户：不用理财者日日亲自劳动，就可以"自动赚钱"的账户。

　　猪博士说道："一个家庭的财富蓄水池最少有 7 个出水管，我们都要学会管理，因为每项支出也都是必要的。而蓄水池也有入水管，如工作、理财等。今天，我们只做了解，明天我们再从理财的角度重点学习。"猪博士停顿了一下，继续说："增加孩子的理财账户其实也是为了教育孩子，因为理财是一种习惯，最好从娃娃抓起。我要重点说一下最后那项'自动收入账户'，它是让你不用亲自劳动，却依旧可以获得财富的一个账户，比如靠出租房屋而获得的租金等。要知道，一个人的能力是有限的，而自动收入为你节约的时间，恰恰能让你将自己的能力提升到新的高度，这也是成为超级富豪的秘密之一。"

　　鼹鼠小姐心想：自动收入，这个是得好好学习。一想到房租，鼹鼠小姐正在发愁呢，他们租的房子不光面积小，装修状况还差，就是因为在市中心，租金可不低。丈夫企鹅先生每月的工资，一大半都交给了房东，房东不必日日工作，却能获得企鹅先生一半的工资，与其说企鹅先生是为家庭打工赚钱，还不如说是为房东打工赚钱呢。要不是最近刚领了大赛的那笔奖金，他们可能就得搬家了，因为实在支付不起房租啊。

　　"我有一个问题，账户管理细则非常棒，但我目前还是单身，我该注意些什么呢？"说话的是喜鹊小姐。

猪博士走到讲台中央，说："大家要明白理财的目的是管理钱，涉及赚钱、花钱、生钱和用钱等。赚钱可以指打工和创业，花钱主要是指有享受倾向的消费，生钱是指投资与理财，而用钱是指支付维护家庭日常所需的各项开支。既然你现在是单身人士，那主要关注前三者，但学习完整的账户管理细则，也是对未来生活的一次预演。"

喜鹊小姐点点头，她有些明白了。

猪博士继续说道："现在，请马助教把我的橡果都拿上来吧！"

话音未落，马助教已经提着一个篮子走上了讲台，篮子里一共有 10 个橡果。猪博士让马助教将这些橡果奖励给这两天积极发言的学生代表。随后，他又看到外面的雨已渐停，就带领着大家下楼，一起来到校园内的一片空地旁。

猪博士说："10 个橡果代表 10 个账户，我们今天就一起在这里种下它们。希望它们都能苗壮成长，也祝愿大家的财富梦想能早日成真！"

大家一起将这些橡果种在那片刚被雨水浇湿的土地里。

突然，大家听到了兔子大姐的哭声，原来她刚才用小铁锹埋种子的时候，一不小心将那个橡果铲成两半了。鼹鼠小姐忙走过去安慰兔子大姐，还从兜里掏出一个橡果，让兔子大姐去种。兔子大姐这才转哭为笑，一个劲儿地感谢鼹鼠小姐。本来，兔子大姐的很多观念都和鼹鼠小姐不同，又因为鼹鼠小姐获得了理财大赛的冠军，她心里一直都有点妒忌鼹鼠小姐，所以对鼹鼠小姐并不友好。现在，她明白了冠军不光要有能力，还应有品德的道理，便也开始喜欢鼹鼠小姐了。

猪博士也看到了这一幕，他一眼就认出，鼹鼠小姐拿出的那个橡果就是他昨天放在讲桌上的，心中不免一动，认为自己果然没看错鼹鼠小姐。他自言自语："都说成功不易，但其实很多时候成功早已向那些有心人敞开了怀抱。"

课程结束后，猪博士对鼹鼠小姐说："明天让企鹅先生也来听课吧！明天的课程对他也很有用呢！哈哈！"

鼹鼠小姐感谢了猪博士后，就高高兴兴地回家去了。

第七章

3 堂理财课Ⅲ：理财大讲堂

第三天的课程开始了，教室里群情激昂、掌声雷动。

猪博士正在给大家介绍站在他身旁的几位老师，有金融专家猫头鹰教授、证券专家黑猩猩教授、房产专家海獭教授和财务专家梅花鹿教授等。

猪博士说："今天，我邀请了经济学院顶尖的投资理财团队为大家讲解投资理财的奥秘，他们也是橡树国国家财富基金的创建者。"

大家报以热烈的掌声，教授们也一一点头致意。

猪博士又说："这么多的投资理财知识，不是上一堂课就能完全掌握的。如果你还想进一步学习，可以参加这些老师自己的公开课程，当然，这一切都是免费的。我们经济学院的宗旨就是，让橡树国的每一位有志青年，都能得到金融理财方面的教育，将来为国效力！"

又是一阵雷鸣般的掌声，还有学生在高声呐喊："请老师放心！谢谢老师！"

猪博士笑着说："在你们向这些老师提问之前，我们还是要一起回顾一下昨天的课程。"猪博士顿了顿，接着说道："昨天，我们一起种下了 10 个橡果，记得吗？那也代表着 10 个计划，因为在运营管理具体的账户之前，需要你们为每一个账户制订一个计划，而这 10 个计划组合起来形成的总计划，就是你们自己的人生理财规划。所以，我希望你们能认真执行这些计划，不要怕麻烦，也不要偷懒，能做到吗？"

"能！"大家齐声说道。

猪博士又回顾了这些账户的管理方法和要领，他的教学风格一直以严谨著称。他讲的大致意思是：这 10 个账户其实是一个家庭理财总账户的 10 个功能子账户，遵循"统一管理、相互调剂、及时补充"的原则。

他进一步解释道："这些功能子账户其实是虚拟的，一般都会统一放在一个具体的理财账户里，在需要花费的时候再进行提取，但必须专款专用。比如，应急账户的资金是可以放在理财账户里的，但不能因为想买梦想品而去挪用，梦想品必须要等到对应的理财账户，即奖励账户的积蓄达到一定规模后才可以购买。"

为了确保大家做到这一点，猪博士要求大家制订一个理财账户的奖励计划，奖品就是那些自己想买的商品。

企鹅先生想起了自己梦寐以求的电吉他，不禁有点走神。旁边的鼹鼠小姐用胳膊肘狠狠地杵了一下他后，他才回过神来，又继续听猪博士的讲解。

猪博士继续说道："一个普通的家庭在做这些规划之前，一定要利用 3~6 个月的时间来做账，找到家庭收支中的资金流向，并想办法将消费账户的支出减到最少，如果有些支出是你贷款消费导致的，还要尽快将其砍掉，因为超前消费对财务状况的影响是最大的。"

猪博士喝了口水后，又滔滔不绝地讲解起来。他总担心自己在哪点上讲得有疏漏，如果下面的学生错误地理解了这些方法，那对他来说可是一种莫大的遗憾了。

企鹅先生因为没有听前两天的课程，所以他的感受和鼹鼠小姐的有所不同。他更希望猪博士讲些尽快赚钱的方法，而不是做账。当他听到猪博士说，在控制好消费这一"出水管"后，就要想尽一切办法来增加"回流"生钱，即只用收入的 90% 来生活，而将收入的 10% 强制存到理财账户里时，他更觉得这些方法对他无用了。事实上，后来他因为这种理念差异，没少和鼹鼠小姐发生争吵，要不是朋友大鹅夫妇的多次开导和劝解，他们家庭的小船将很难前行了。不过，鼹鼠小姐总能体谅丈夫的不易，所以每次都原谅了企鹅先生。固执的企鹅先生也知道自己有时出言不逊，甚至伤了鼹鼠小姐的心，也懊悔不已。好在最终，他们还是握手言和、冰释前嫌了。

　　记得有一次，企鹅先生说："每个月的花销都是固定的，根本存不下什么钱等。况且现在咱们的收入并不高，拿这么一点钱去投资理财，根本就没什么价值，也赚不了什么钱的。"

　　鼹鼠小姐则说："我们已经度过了最艰难的岁月，现在我们的生活正逐步好转，但我们要想真正改变现在的生活，真正地富裕起来，就得改变原来的存钱方式。你不是说还想自己开个渔场吗？不需要一点本金吗？本金什么时候才会有呢？你好好想想吧！"

　　后来，企鹅先生同意了鼹鼠小姐的做法，但他内心还是有点儿不服气。但正是对理财的误解和忽视，为他日后经营企业埋下了危机的种子，尽管此时课堂上的企鹅先生并没有意识到这一点。

　　猪博士说道："理财不是富人的专利，而是普通人变成富人的利器。下面，就请大家畅所欲言，共同走进投资理财的世界吧！"说完，他就坐在椅子卜休息起来。

　　大家开始发言了，谁都渴望把握好这短暂而宝贵的发言机会，要知道他们面对的可是成功的投资理财专家。

猴子大哥抢先说道："请问猫头鹰教授，国家财富基金的主要投资品种有哪些？"

猫头鹰教授说道："目前，我们的投资品种80%是股票债券类资产，15%是全球的房地产，还有5%是一些国家参与的大型项目。"

猴子大哥又说："那对个人家庭来说，我们该如何规划理财账户里的资金呢？因为现在的资金还不是很多！"

猫头鹰教授笑着说："可以买入我们的基金。那样，你们也会拥有和我们一样的资产配置了。"

兔子大姐说道："那我们自己也可以投资股票和债券，为什么还要买基金呢？"

猫头鹰教授仍然笑着说："还是请黑猩猩教授来回答吧，在这方面，他比我更专业呢。"

黑猩猩教授戴了一副眼镜，只是镜框是白色的，使他看起来有点滑稽。鼹鼠小姐发现这些讲课的教授，除了猫头鹰教授之外，居然都是戴眼镜的，心想自己回去也要买一副来戴，也许就能将理财学得更好。

只见黑猩猩教授走向讲台中央，说道："因为我们可以买到的股票和债券，普通人不一定可以买到。比如，我们会用一大笔资金来进行新股的申购，也会在与我们合作的各国国家银行买入信用级别更高的债券。明白了吧！"

"但是对于二级市场的股票，你们恐怕也和我们个人股票投资者是一样的吧？毕竟我们买的都是同样的股票啊！"兔子大姐又说道。

"是一样，但也不一样。其实，基金也分债券基金、股票基金、指数基金和混合基金这几类。就拿股票基金来说，我们都是根据一定的选股模型来确定购买的，并且还会分析大量的信息。所以，我们和你们可能都会买股票，但我们和你们可能买的是不同的股票或是在不同的时间点买入了同样的股票。"黑猩猩教授解释道。

"我看买股票的股民，没有多少人是获利的，更别说通过买股票实现财富自由了！"兔子大姐继续说道。

"是的，赚钱的总是少数人，社会上的富人不是也相对较少吗？这没什么奇怪的。"黑猩猩教授淡淡地说道。

"那为什么国家财富基金的股票占比会那么高呢？"旁边的燕子小姐问道。

"因为个人买股票相对不容易赚钱，但以基金的形式买股票却更容易长期赢利啊！"黑猩猩教授说道。

"这是什么原因呢？不明白！为什么个人炒股可能会输，而基金买股票会赢呢？"燕子小姐不解地问道。

黑猩猩教授笑了笑，他走到白板旁边，拿起了一根教鞭，在空中比画了一下，燕子小姐当时还吓了一跳。

黑猩猩教授笑得更厉害了，还用手捂住了嘴巴。不过，很快他的神情就又恢复了严肃，他说道："如果这是1根钓鱼竿，你说10根钓鱼竿和1根钓鱼竿，用哪个钓到鱼的概率会更大呢？"

燕子小姐说："那肯定是用10根啊！"

黑猩猩教授说："对！那如果是100根、1000根或10000根呢？用哪一个钓到鱼的概率更大呢？"

"当然是用10000根了。"燕子小姐答道。

"而国家财富基金的鱼竿可能有上百万根，现在你明白为什么基金买股票会赢了吧。"黑猩猩说道。

"这就相当于两军对垒，一方是万箭齐发，而另一方是单人射箭，除非这人是顶级的射手，否则胜负早已见分晓。"一旁的猫头鹰教授也补充道。

"我明白了，怪不得我买股票很难赚钱，原来一开始就输了啊！"燕子小姐激动地说。

黑猩猩教授继续说："是的。一般来讲，即使大盘下跌，个股的跌幅也是远远大于对应的基金的，这点你可以从个股对应的行业指数的变化情况看出来。因为行业指数或基金涵盖的股票数量较多。其中既可能有涨的股票，也可能有跌的股票，还可能有不涨不跌的股票，所以跌幅被'平均化'了。个人因为缺乏资金、信息和团队的优势，往往买到不好的股票，又拿不住好的股票，最后往往只能成为股市里的牺牲品。"

"那债券基金安全吗？"羊驼公子问道。

"当然，毕竟到期要还本付息嘛。不过，你也要认真阅读基金报告里的债券信用级别，如买到信用级别较低的债券基金，同样也有风险。"黑猩猩教授解释道。

"那买股票基金就不会亏钱吗？"斑马公子也问道。

"当然会，只不过基金选股较为严谨，不会买到那些突然退市的股票，而个人投资股票一旦遭遇暴雷，其本金有可能全部损失。"黑猩猩教授说道。

"那太危险了，还是买股票基金为好啊！"斑马公子说着，还迅速吐了下舌头。

"事实上，一个家庭的理财计划也应将重点放在基金上。但各基金要有恰当的配置占比才行，毕竟每个人的心理承受能力都是不同的。"黑猩猩教授边说边在白板上画了个表格。

分类	债券基金	股票基金	指数基金	混合基金
	主要投资于债券,其债券持仓比例一般为80%以上	主要投资于股票,其股票持仓比例一般为80%以上	主要投资于相应股票指数的一揽子成分股票	同时投资于股票、债券和货币市场等工具,持仓比例较灵活
概念	债券是指政府、金融机构或企业向投资者发行的,承诺到期还本付息的债权债务凭证	股票是指股份公司为筹集资金发行的所有权凭证,可以转让、买卖,但不返还资金	股票指数是由证券交易所或金融服务机构汇编的参考指标,用于显示股市的变化	其中,货币市场主要投资于国库券、商业票据、短期政府债券和企业债券及银行定期大额存单等
配置占比	40%	30%	20%	10%
备注	本配置占比仅供参考,可根据实际情况做出调整			

黑猩猩教授指着这个表格,说道:"债券基金很安全,所以必须要配置好,它也相对稳定,所以可以作为诸如日常消费账户的资金来源;股票基金有一定的波动性,可以根据股市情况的好坏来进行配置占比调整;指数基金从长期来看是一直上涨的,所以可以长期持有;另外,混合基金也可以少量配置。"

此时,坐在后排的鼹鼠小姐问道:"股票基金应该只

116

买一只，还是多买几只呢？"

黑猩猩教授说道："基金购买股票实际上避免了股市的系统性风险，但在购买基金时，则相对分散一些更好，这样在某只基金表现不好时，你也可以将其卖出并买入表现好的基金。"

鼹鼠小姐又问道："那股票基金该什么时候买呢？什么时候加仓，什么时候减仓呢？"

黑猩猩教授笑着说道："这个问题比较专业，一两句话也说不清。但大的方向是，当你想买股票时，你就可以买入对应持股的基金；而当很多人都想要买这只股票时，你反而应该考虑将其减仓卖出。但要注意，基金本身是中长期投资产品，短期卖出一般会产生较高的费用。长期来看，优秀的基金即使短期下跌，未来也会上涨，毕竟像我们这些基金的管理人员也不希望看到基金长期亏损。"

鼹鼠小姐还想继续发问，但被旁边的企鹅先生拉住了，企鹅先生想问问关于房子的问题。

这时，猪博士突然发言了："黑猩猩教授讲得没错！基金本身就是长期理财产品，将其作为将来养老和教育等方面的资金的来源，是非常合适的。要知道，基金投资的奥秘就是未来红利。只要你们相信橡树国的未来会更好，

就要握紧手里的那些优秀基金，包括我们橡树国的国家财富基金。"

"我想问下海獭教授关于房子的问题！"说话的是此前一直没吭声的刺猬先生。

"不知你想问哪一方面的问题呢？"海獭教授说。

"我想知道为什么要花钱买房，我就住在自己修的窑洞里，感觉也一样舒适啊！"刺猬先生慢吞吞地说道，这也是企鹅先生心里所想的，他们都觉得将钱存在银行就可以了，而不用再花钱买房子。

"首先，买房是'不用花钱'的，因为你的钱还在，如果你把房子卖了，钱就回来了，所以买房其实是在存钱；其次，买房可以减少生活中绝大部分的无用花费，要知道很多时候，我们都不知道把钱花到哪里去了呢！"海獭教授说道。

这时，马助教急匆匆地走了过来，并对猪博士耳语了几句，然后猪博士大声说道："海獭教授说得很好，如果大家在这方面还有问题，将来可以继续向海獭教授请教。因为时间关系，这个环节要提前结束了。刚才国家财富基金委员会的人要教授们马上去三楼开会。请同学们为教授们鼓掌，感谢他们的辛苦付出！"

　　鼹鼠小姐本来还有很多问题要问，但听猪博士这么说，也就跟着鼓起掌来。

　　猪博士在各位教授离场之后，说道："大家的表现令我非常满意，3天的理财课就要结束了，祝大家学有所成！"

　　大家正要鼓掌，却听猪博士仍在说："不过，你们离开课堂之前，还有一件事情要做。"

　　猪博士让马助教给每人发了一张白纸，要求大家写下觉得自己不敢做的事情。企鹅先生在白纸上，写下了"我不敢当众演讲，我不敢丢掉工作，我不敢失败，我不敢面对自己的内心……"。鼹鼠小姐在旁边看着，差点笑出声来，没想到自己的丈夫还有这么多的小秘密。

　　猪博士让大家来到操场旁边的土地上，一起用铁锹挖了一个大坑，把这些纸全都扔在坑里，并让企鹅先生作为学生代表来点燃了这些纸。

　　看着熊熊燃烧的火焰，猪博士大声说道："把这些束缚你们的，你们认为自己做不到的事情，都埋葬在这里吧！从现在开始，你们将拥有一个全新的自己和一个美好的明天！"

　　随后，大家一起动手，将灰烬用土掩埋了起来，企鹅

先生还在上面踩了几脚。在和猪博士告别后，他就骑着摩托车带着鼹鼠小姐回去了。

　　他们沿着校园里的柏油马路，向教学楼的另一边驶去，那边有学院的另一扇门。鼹鼠小姐突然发现，原来经济学院这么美，在一个长方形喷泉的两边，伫立着很多名人的雕像。喷泉的水柱很高，在阳光的照射下，还形成了一扇很大的"彩虹门"。企鹅先生带着鼹鼠小姐飞快地从"彩虹门"下方驾车穿过，留下了他们欢快的笑声。

　　鼹鼠小姐同时发现，丈夫企鹅先生的驾驶技术好像也比平日好了许多，企鹅先生仿佛正带她向着更美好的未来快速驶去。

第八章

大鹅夫妇的烦恼

鼹鼠小姐觉得：有些理论虽然简单明了，但现实中的现象却复杂多变，并不是很好掌握，尤其是对于不善学习和思考的人来说。

就像多年后，他们的邻居大鹅夫妇，为了给家里购置商品，争吵得非常厉害。对此，大家一致推选鼹鼠小姐来做他们家庭理财矛盾的协调官。

猴子大哥说："不就是因为买东西意见不合吗？鼹鼠小姐可是咱们的理财冠军，你们何不请她帮忙分析一下呢？"

"那当然好了，就是不知道鼹鼠小妹你有没有时间呢？话说回来，也都是些小事，但我实在劝不了我丈夫。"鹅大嫂说道。

"当然可以，明天上午我和企鹅先生到您家，与您和大哥聊聊，好久都没去您家了呢！"鼹鼠小姐爽快地答应了。

第二天一大早，鼹鼠小姐对企鹅先生说："亲爱的，昨天我答应了鹅大嫂去她们家，咱们吃完早餐就早点动身吧！"

"哦，大鹅夫妇，那我们还可以再等一会儿，我知道他们有晚上看电视的习惯，这个时候去，恐怕有点早呢。"企鹅先生看了看表，笑着说，"记得当年我们也时常为一些小事争吵，大鹅夫妇还经常来劝我们呢，现在好像颠倒了，人生真是很奇妙啊。"

"还说呢，其实你比鹅大哥更固执，只是你是沉默型的，鹅大哥是爆发型的，但论固执，你绝对更胜一筹。"鼹鼠小姐笑着说道。

"我那是善良与单纯，也是我的认知方式造成的。我是 80% 的完美主义者，对新技术或新思维的学习和理解是比别人慢的，但对掌握后的知识和技能立马就能做到灵活运用。我多年来也一直在调整自己的认知方式，尽量听取别人的意见和建议，不被自己的思维模式所束缚。"企鹅先生说得很认真。

"你这是听谁说的？我怎么从没听你这样评价过自己呢？"鼹鼠小姐感觉丈夫说的是她从没听过的。

"是猪博士告诉我的，他让我先学会认识自己，再去认识社会。若不是他点醒我，我都不明白自己是什么样的人。"企鹅先生说道，鼹鼠小姐也赞同地点点头。

大鹅夫妇的家在月牙河附近的一个池塘旁边，是一栋木质的二层小楼。当企鹅鼹鼠夫妇到达的时候，他们已经看见大鹅夫妇在院子里争吵了，孩子们都躲在一旁，气氛好像很紧张。

鹅大哥好像已经发火了，他朝着鹅大嫂大声嚷道："就这么一点小事，你数落了我一晚上，连早餐也没给孩子们做，还在不停地说我，你也太过分了吧！"

鹅大嫂的声音更加尖厉，她叉着腰，眉毛都拧到了一起："就一台破电视，三天两头地坏，还差点漏电把房子点着，我不和你说，我和谁说去。我哪有心情做早餐，我都快被你气炸了。你也是孩子们的父亲，你为什么不能给孩子们做早餐呢？难道做早餐的就一定是母亲吗？……"

大鹅夫妇的孩子们发现鼹鼠小姐和企鹅先生来了，正要告诉妈妈，却被鼹鼠小姐拦住了，她把手指放在嘴上，做了个不要说话的手势，便和企鹅先生及孩子们坐在一旁的小凳子上，一齐看着大鹅夫妇争吵。

大鹅夫妇也许是吵累了，鹅大嫂一回头，看见鼹鼠小姐他们都整齐地坐在那里旁听，不免吃了一惊。她不好意思地说："你们什么时候来的？我都吵昏头了，你们也不说一声，尽看我出丑了。"

鹅大哥也难为情地说："这是我们家的'常态'，你们千万别介意啊！"

"到底是什么问题让你们这么生气？"鼹鼠小姐怕他
们的争吵升级，就直切主题。

鹅大嫂没等丈夫说话，就拉起鼹鼠小姐走进屋内。一
楼应该是客厅，沙发好像还是当年的款式，上面凌乱地堆
放着孩子们的衣服和书本，地毯已经很陈旧了，且落满了
灰尘。茶几上还有昨日没洗的餐具，餐桌上也是，放着很
多杯子和碗筷。木地板有几块已经损坏了，但还没有修
补。沙发对面的墙上，挂着一台很小的电视。

鼹鼠小姐心想，她记忆中的大鹅夫妇的家可完全不是
这个样子，当年这里的一切都是崭新的，木地板都是打过
蜡的，而且散发着原木的气息。家里也不是这么乱的，当
年的鹅大嫂把家里整理得井井有条。记得鼹鼠小姐还带着
企鹅先生来参观过几次，希望企鹅先生能以鹅大哥为榜
样，将家庭打造得整洁而温馨。眼前的一切，让鼹鼠小姐
都不敢相信自己的眼睛。

鹅大嫂好像也感受到了什么，但她已顾不上做更多的
解释，毕竟离上次鼹鼠小姐来他们家已经过了很多年了，
很多变化她自己也是不想的。她指着墙上的电视说道：
"本来，我们准备和兔子夫妇一起买台大品牌的大屏幕电

视。你知道吗？我现在最大的乐趣就来源于电视剧，毕竟现实生活中充满了不愉快。但你鹅大哥非要听信别人，说买非品牌的可以省不少钱，结果就买了老鼠兄弟工厂生产的山寨版电视。"

"那岂不是质量没有保障？售后服务恐怕也成问题呢！"鼹鼠小姐说道。

"谁说不是呢！买了没两天就不能看了，打电话也没人来修。"鹅大嫂说道。

"最差也得有个保修期吧！你们没去投诉他们吗？"鼹鼠小姐说道。

"投诉了，说有保修期，可是迟迟没人来修理啊。就这样等了 3 个月，终于有人来修理了，可修好没几天又不能看了，接着就是漫长的拉锯战。最后，一年的保修期也过了，电视还是不能看！"鹅大嫂气愤地说。

"那再买一台算了，何必和他们怄气呢？咱就当花钱买个教训就行了。"鼹鼠小姐说道。

"我也是这么对你鹅大哥说的，他倒好，又买了一台更小的杂牌电视，居然还是老鼠兄弟工厂生产的。我说他太容易相信别人了，他还埋怨我，说人家解释说上一台电视坏了是我们家电压不稳造成的，而且买这台小电视还能再优惠不少钱。"鹅大嫂说道。

"那看来这回又被骗了吧！"鼹鼠小姐已经明白是怎么一回事了，她对鹅大嫂的经历很是同情，她明白再高的山也阻挡不住人们前进的步伐，但鞋里的沙子却足以让你停下脚步，鹅大嫂正承受着类似的精神折磨，难怪她的情绪老是失控了。

"你说对了，这台电视还不如之前那台呢，经常没图像，就算有图像了，那图像自己还能'走'了……总之，两年了，我都没好好看过一部电视剧，你说，气人不？"鹅大嫂也说累了，语气中透着无奈。她其实也不明白，为什么自己的家庭会慢慢变成这样。她有时甚至想和鹅大哥分开，要不是因为对家庭的牵挂，她早就无法忍耐这种无趣的生活了。她还时常用一句话来安慰自己："相爱容易相处难。"

鼹鼠小姐此时已经完全明白大鹅夫妇的问题了，她准备像当年他们帮助自己那样来帮助他们。

鼹鼠小姐说："我知道你们的问题出在哪里了，把鹅大哥也请进来吧，大家心平气和地谈一谈，这样才能真正解决问题。"

鹅大嫂把鹅大哥和企鹅先生请进了屋内，大家都坐在沙发上，等待鼹鼠小姐提出解决方案。

鼹鼠小姐也没客气，她说道："你们是我和企鹅先生的贵人，正是你们当年对我们的无私帮助，让我们改变了对对方的态度，让我们两个性格和生活习惯完全不同的人，能携手走到今天，这点我和企鹅先生都是铭记在心的。"

鼹鼠小姐停顿了一下，她看了看大鹅夫妇的表情，他们都面有愧色。

鼹鼠小姐接着说道："你们夫妻二人先各自说一下，你们认为自己对的地方。女士优先，请鹅大嫂先说吧。"

"好的。我认为我说我丈夫的目的是想让他不要受骗，不要轻易听信别人而不听家人的话，还有就是不要浪费钱。比如那个马桶，换了几个了，还是不太好用，还不如当时和兔子夫妇一起买品牌马桶，人家的品牌马桶到现在都用得好好的。"鹅大嫂委屈地说道。

"我认为我的做法也是对的，买便宜的东西就是为了给家里省钱，毕竟我们的经济状况不好。我做这些也是为家里好，难道我们节俭点就不对吗？"鹅大哥急得眼泪都快掉下来了。

"好了，那再说一下你们认为自己不对的地方吧！还是女士优先。"鼹鼠小姐说起话来就像个法官。

　　"好的。我认为我最不对的地方就是，我没有能力说服我丈夫听取我的意见，我没有把家照顾好，没有关心孩子们的生活。我们的家境一直不是很好，我却选择了逃避现状，我看电视剧就是为了逃离枯燥乏味的生活……谁不想过精彩的生活？当年我还劝你们要体谅对方、和睦相处呢。可我们自己的日子却过成了这样，我真是又气又惭愧，真不知道该如何是好。难道这就是我们的命运吗？"鹅大嫂声泪俱下。

　　一旁的鹅大哥也哭了，他向来是个硬汉，但面对妻子的哭诉，他的心在流血，他说："亲爱的，不要哭。都是我的错，我没有能力让你过上好的生活，想着省钱却被骗，结果花了更多的钱。这几年，你我时常争吵，我却无能为力，只能在内心不停地唾骂自己。真对不起，我没能保护好你！"

　　"别说了！是我不好，我其实也知道你有压力，我不但没有体谅你，还经常指责你，都是我的不对。我们永远是一家人！"鹅大嫂流着泪，握紧丈夫的手说道。

　　鼹鼠小姐的眼眶也湿润了，但她仍平静地说道："好啦，听了你们说的话，我觉得你们还是相爱的。问题其实出在经济上。本来，经济状况不佳也不是什么丢人的事情，但你们的做法让这件事情变得更糟了。鹅大嫂如果能敢于面对现状，而不是逃避责任，那家里的事情就能被安排得更好。电视是可以买台小一些的，但鹅大哥你对节俭的认知误差，让你好心办了坏事。如果你们能像今天这样谈话，我想你们的生活还是会很幸福的。听听屋外你们孩子的嬉戏声吧，这难道不是幸福吗？为了一台电视，而忽略了身边最重要的人，这本身就是错误的。"

大鹅夫妇都点头称是，鹅大嫂说："我想通了，我们其实是被这些琐碎的小事影响了，而没有管理好的情绪又再次放大了它们对我们的影响。其实，就算没有电视，就算我们亏了钱，我们还有家人，这才是我们真正的财富。"

鼹鼠小姐说："这就对了，鞋里的沙子影响了你们，吸引了你们的注意力，让你们无法全心全意关注前进的方向，要知道，家庭小船的目的地才是我们最应关注的。"

企鹅先生也插话道："鞋里的沙子也是需要清理的，这就需要我们额外再做些什么了，人生不可能总是一帆风顺的。"

鹅大哥看着鼹鼠小姐说道："我也想通了，但我还想让你说说我的错误所在，你说我对节俭的认知有误差，我还是不太明白。"

"那鹅大哥你认为，买什么样的东西是节俭呢？"鼹鼠小姐看着鹅大哥说道。

"当然是价格低的了，这还用说吗？"鹅大哥满不在乎地说道。

"那你就大错特错了！"鼹鼠小姐回答道。

"怎么会错呢？我买的电视不好，只是个偶然事件，朋友买的同款电视，到现在都好好的呢。"鹅大哥说道。

"你朋友能以如此低廉的价格买到能长期使用的好电视才是偶然事件，鹅大哥你买到很快坏掉的差电视其实是必然事件。你想想，电视的价格那么低，那它的成本就会更低，质量又怎么会好呢？"鼹鼠小姐解释道。

"可兔子夫妇买的电视价格太高了，我买的的确便宜呀！"鹅大哥也糊涂了，说话的声音小了许多。

"衡量是否节俭的标准其实从来都不是价格，而是时间！"鼹鼠小姐缓缓说道。

"怎么会是时间呢？"鹅大哥不解地问道。

"我的老师猪博士曾告诉我，长期使用的商品要看其在使用期间内发生的所有费用；一次性使用（也包含短期使用）商品，则只看一开始所需支付的费用。电视是长期使用的商品，而你却将其看作一次性商品，以一次性商品对应的计费方式来考量，这难道不是对概念的误解吗？"鼹鼠小姐说道。

"哦，我明白了！是我的错，我一直认为买价格低的商品就是节俭，其实并没有认真分析，原来这里边还有学问呢。怪不得，你上完猪博士的理财课，你们家的财富就芝麻开花——节节高了，我还以为你们买彩票中了大奖呢。"鹅大哥苦笑道。

"我当时是买过彩票，但那仅是娱乐罢了，想靠买彩票致富，那可又是偶然事件啦。哈哈！"企鹅先生笑着说道，他和鹅大哥的关系其实很好，那时他们什么都聊。

"看来，我还得向你们多学习呢！这方面，我差得太多了。"鹅大哥抱拳说道。

"是啊！他就是很倔，很固执，很多事情，非得弄清楚才肯罢休。我也得向鼹鼠小妹你学习呢！没想到你懂得这么多！"鹅大嫂也抱拳说道。

"我可要批评您了！怎么又数落起鹅大哥来了！哈哈！"鼹鼠小姐笑道。

"唉！习惯了，这个毛病，我一定改！"鹅大嫂红着脸说道。

　　"猪博士曾说过，'婚姻是人生中一场重要的投资，夫妻是最好的搭档，而离婚就好像破产'。他还说，'鼓励的力量大于批评的力量'。所以，我建议你们家从今天开始搞一个'夸奖大赛'，看看谁能获得冠军。"鼹鼠小姐说道。

　　"好的，老公。我们就听鼹鼠小妹的话，从现在起，只夸对方，不批评对方，怎么样？"鹅大嫂说道。

　　"好哦！太棒了！"门口闯入了大鹅夫妇的几个孩子，他们在那里欢呼跳跃，看来已经在门外偷听许久了。

　　鼹鼠小姐看着这些天真烂漫的孩子，感觉自己又做了一件很有意义的事。她和大鹅夫妇约定好了，以后有空，大鹅夫妇都可以带孩子来鼹鼠小姐家里玩，顺便聊聊理财的事儿。

　　3周后的某天，企鹅鼹鼠夫妇再次去大鹅夫妇家拜访。让他们感到惊讶的是，原来那看起来破旧的房子，现在已被打扫得焕然一新。木地板破损的地方都被补好了，而且都打了蜡，发出淡淡的光泽。沙发上放着鹅大嫂做的彩色沙发垫，上面还绣着他们一家人的头像。墙上的破电视也换成了一台小型品牌电视，电视里正播放着动画片《尼尔斯骑鹅旅行记》，孩子们看得津津有味，时不时还发出一阵阵欢笑声。

大鹅夫妇好像也年轻了许多，他们的脸上没有了过去的愁容，他们的口中多了关爱对方的话语。他们可能不会像企鹅鼹鼠夫妇那样富有，但这并不妨碍他们获得快乐。而且，在不断向鼹鼠小姐学习后，他们家的经济状况也出现了好转。鹅大哥在池塘边搞了一个垂钓体验基地，鹅大嫂则负责给来这里垂钓的顾客制作美食，他们的日子过得红红火火。

鼹鼠小姐看在眼里，喜在心上，她是个知恩图报的人，她真心为大鹅夫妇的转变而感到高兴。

第九章

餐桌上的辩论

鼹鼠小姐的理财生活

　　鼹鼠小姐自从学习了猪博士的理财课程之后，就开始了自己的理财实践，虽然效果还不太明显，但她依旧乐观地生活着。

　　在刚参加完3堂理财课后的某一天，鼹鼠小姐又遇到了兔子大姐。兔子大姐好像变得洋气了，她手上戴着耀眼的钻石戒指，脖子上还戴着一串很大的海丽国出产的黑珍珠项链，穿着名牌服装，手提一个星罗国产的名贵手提包，正从一辆时髦的香槟色轿车上下来，和鼹鼠小姐热情地打招呼。

　　"嗨！理财冠军，好久不见啊！"兔子大姐摆出一副得意扬扬的样子说道。

　　一阵寒暄之后，鼹鼠小姐了解到兔子大姐已移民海丽国，她和丈夫灰兔先生在那里发展得不错。兔子大姐还邀请鼹鼠小姐和企鹅先生到她的老家橡山湾聚餐，本来鼹鼠小姐是不想去的，但听到那里有很多经济学院的学生时，她有点心动了。

　　"那好，我也想见见咱们的老同学呢！不知都有谁呀？"鼹鼠小姐说道。

"去了就知道啦，后天上午在家里等我哦！"兔子大姐边说边摆了个优美的姿势，便上车离去了，鼹鼠小姐看到她手上那颗钻戒在阳光的照射下熠熠生辉。

两天后，兔子大姐如约来接企鹅鼹鼠夫妇了。一路上，他们有说有笑，满载欢乐的汽车向着北面的橡山驶去。

鼹鼠小姐发现，这里的景色和橡树国其他地方的景色完全不同，公路两旁都是茂密的橡树林，非常幽静。橡山是橡树国海拔最高的山峰，山上全是绿色的橡树。橡树都很高大，可谓遮天蔽日。据说，山顶上还有个巨大的千年冰洞，那里融化的水流到山下，形成了月牙河，那是附近居民最喜欢游玩的景点之一。橡山因海拔较高，明显比市区冷很多，鼹鼠小姐在汽车到达山脚的那一刻就感觉到了。

"这里可比市区凉快多了啊！"鼹鼠小姐打趣道。

"忘了告诉你们了，这里海拔要高一点，所以有点冷，不过我的旧居就在山脚的橡山湾，到那里就会暖和一点了！"兔子大姐说道。

"没事，我感觉温度刚刚好，空气也很清新啊！"企鹅先生说道。他本身就来自更寒冷的地区，在橡树国唯一感觉不爽的就是这里较高的温度。橡树国几乎没有冬天，只是有两个月气温会稍低一些罢了。

鼹鼠小姐也忙说："没关系，这里的确不错，感觉很宁静！"

"是的，这里有最好的生活环境，而且这里的居民也很热情好客。你瞧，那就是我表妹家了。"兔子大姐到这里后，声音好像也越来越柔和了。

鼹鼠小姐看到两间联排的小屋，小屋被涂成了粉色，天蓝色的屋顶上还立着一个白色的烟囱。小屋的前面是一排用木桩围成的篱笆墙，墙上有一扇小门通向院内，院内还种有各种蔬菜和水果。

鼹鼠小姐很快就听到了一些很熟悉的声音，居然是他们——猴子大哥、松鼠小姐、刺猬先生、喜鹊小姐和燕子小姐等。

"看谁来啦！"兔子大姐对着一群围坐在一张大木桌旁，正聊得热火朝天的人大声说道。

"是我们的理财冠军啊！哈哈！"喜鹊小姐总是那么活跃，她拍着手说道。

"欢迎你啊！鼹鼠小姐，没想到你会来！"燕子小姐也说道。

"来了就多玩两天，这橡山湾可是个好地方，有很多好玩的呢！"猴子大哥笑着说道。

"是的，欢迎你啊！"刺猬先生慢吞吞地说道。

"好了，来了就是一家人啦！这位是我的表妹兔子小姐，这里也是她的家，旁边的是她的丈夫。"兔子大姐指着鼹鼠小姐不认识的两位朋友说道。鼹鼠小姐心想：原来他们就是小屋的主人，住在这里一定很幸福！

鼹鼠小姐没想到的是，正是这位兔子小姐，日后会对她有那么大的帮助。而现在的这位兔子小姐就是日后的兔子大嫂，不过现在她还很年轻。

鼹鼠小姐突然想到，企鹅先生跑到哪儿去了？原来企鹅先生见兔子大姐拉着鼹鼠小姐在前门下车后，并没有急着跟上去，而是随着司机到了后面的停车场。他发现，那里歪七扭八地停着很多汽车，虽然他叫不上名字，但感觉都很不错。企鹅先生心想，幸亏自己没有骑那辆摩托车来，否则停在这里，真的是很显眼啊。

企鹅先生从后门一进来，就被猴子大哥看见了，猴子大哥主动走上前打招呼："好久不见啊，企鹅先生！"

企鹅先生腼腆地和猴子大哥及其他人一一握手，他有轻度的社交恐惧症，一见这么多人，就变得十分沉默，静静地坐在了鼹鼠小姐的旁边。

鼹鼠小姐说："感谢大家的邀请，尤其是兔子大姐，要不是她，我还不知道你们都生活在这里呢！"

猴子大哥性子很急，他抢先说道："你的兔子大姐现在可了不起了，成了咱们这里的名人，去海丽国也半年多了。她和丈夫灰兔先生酿造的红酒，可是远销海外呢！"

兔子大姐忙说："红酒生意让我们赚了第一桶金，但现在，我们主要在海丽国做金融方面的投资呢！那才是赚大钱的好机会！"

"那快给我们讲讲吧！也让我们发点小财！哈哈！"喜鹊小姐说道。

"你们哪有搞金融的头脑，能在这里当'土豪'就不错啦！要知道，我先生可是海丽国金融学院毕业的，他的老师是那里的金融家鹰先生。"兔子大姐一说到这些，立马不自觉地摆出一副盛气凌人的样子来。

"好啦，好啦！聊点别的吧！大家还等着喝咱们家的红酒呢！"兔子小姐解围道。

这里的居民都知道，原来的兔子大姐并不是这样的，可自从她嫁给了在海丽国留学的灰兔先生后，整个人都变了个样子。不过，大家也并没有过多地去责怪兔子大姐，毕竟兔子大姐家的红酒生意也让他们受益不少。他们有给兔子大姐搞运输的，推广销售的，种植葡萄的，制作橡木酒桶的，等等。这一年来，大家都比原来富裕了许多。

席间，兔子小姐突然对旁边的兔子大姐说："表姐，你知道吗？你现在变了很多。你买那么多奢侈品，实在是有点浪费啊！和当初在这里居住的时候相比，你真的变了！"

原来，两间联排小屋中的一间本是属于兔子大姐的，她结婚出国后，就将其送给了表妹居住。兔子小姐将其连同自己原先居住的另一间重新粉刷后，作为了自己与丈夫的婚房。

兔子大姐不以为然："什么是奢侈品？这是我的必需品呢！到底是不是奢侈品，你们大家伙来说说看吧。"

大家随即展开了一场"口水战"，在餐桌上开起了辩论会。很快，大家就分为了两大阵营——正方和反方。正方以兔子小姐为代表，他们认为昂贵的东西就是奢侈品；反方以猴子大哥为代表，他们认为昂贵的东西不一定就是奢侈品，而要看买主的经济实力如何。

双方辩论得很激烈，正方的喜鹊小姐说道："价格昂贵的就叫奢侈品，这难道还有疑问吗？"

反方的燕子小姐则说："贵的东西，要看是谁在买。要是像兔子大姐这样的有钱人，买贵的东西就不能叫买奢侈品。"

正方的松鼠小姐又说道："经济学上有奢侈品的定义，价格高而实用价值低的物品就叫奢侈品。请问，昂贵的珠宝有实际的使用价值吗？"

反方的刺猬先生却说："定义是没错的，但兔子大姐戴珠宝首饰，也不能叫奢侈吧？总感觉她戴上很得体呢！"

兔子大姐在旁边一直偷着乐，她看到企鹅先生和鼹鼠小姐都没表态，就对他们说："理财冠军夫妇，你们有何高见呢？"

企鹅先生首先说道："兔子大姐，请别见怪。依我看，'奢侈品'3个字中的'奢'字其实已经告诉我们答案了，即'大＋者'，就是指贵的东西嘛！你们说是不是啊？"

兔子大姐点了点头，说道："的确，奢侈品就是指价格贵的东西，但我不觉得我买奢侈品有什么不对。至于你们说我的行为奢侈，这我就想不通了！鼹鼠小姐，你说呢？"

鼹鼠小姐今天本来是不想说太多的，一个原因是她感觉自己毕竟是橡山湾的客人，还有一个原因是她今天喝的红酒的确有些多了，她感觉头昏昏沉沉的。但她听到企鹅先生的一番"酒后直言"后，就想起了企鹅先生在家里的种种此类行为，还有因此而引发的几次矛盾。

鼹鼠小姐想了想，说道："兔子大姐，首先，你买的的确是奢侈品，但你的行为并不奢侈。其次，判断一个人的行为是否奢侈的标准，是'侈'字，即对一个人来说多余的东西。兔子大姐现在出国经商，佩戴珠宝首饰能提升个人魅力，并展现自己的经济实力。所以，对她来说这些珠宝首饰就不是多余的东西，那她的行为就不能叫奢侈了。"

兔子大姐高兴地鼓起掌来，她还想再敬鼹鼠小姐一杯酒，鼹鼠小姐连连摇头，旁边的企鹅先生便替鼹鼠小姐喝了。

兔子小姐好像还有些不服气，她对鼹鼠小姐说："总之，我认为买贵的东西就是奢侈行为，毕竟要花很多钱，奢侈品可不是好东西啊！"

鼹鼠小姐回答道："你说得没错，奢侈品的确不是好东西，因为它会让你的理财计划落空，而且还能让人上瘾，所以我的老师叫它理财的'毒品'。但任何东西都有两面性，奢侈品的另一面则代表了经济的繁荣。"

兔子小姐又说："既是'毒品'，又何来繁荣呢？"

鼹鼠小姐说道："奢侈品本无错，错的是使用它的人。如果购买奢侈品符合你的经济条件和身份，那就是一件好事，此时购买也不算奢侈。而如果购买奢侈品不符合你的经济条件和身份，尤其是在经济能力还不够强时，那就是一件绝对的坏事了。"

企鹅先生说道："我以前下班后，经常给你买零食和水果，那算不算奢侈呢？当时我们的经济状况很不好啊！"

鼹鼠小姐笑着说："节俭是为了更好地生活，虽然那些水果和零食比一般食品贵，但你让我感受到了浓浓的情意，这怎么算奢侈呢？不过如果是完全没有必要买的、价格高的物品，即使等到打折时购买，看似节省，但其实买来根本没用，这实质上也是一种奢侈行为。"

企鹅先生似乎想起了很多往事，不好意思地说："因为这，我还和你吵过好几次，现在想想很多东西的确没用，我真是太糊涂了！那你说，什么时候买奢侈品才不算奢侈呢？"

鼹鼠小姐说："在买奢侈品不奢侈时，就像兔子大姐这样，那就不算奢侈。"说完，鼹鼠小姐看了一眼兔子大姐，见兔子大姐没有说话，好像仍想听她讲，就继续说道："有一些人虽然没钱却拼命去学别人购买奢侈品，这便是虚荣心作祟，而此时的奢侈品绝对是真正的'毒品'。还记得吗，老师猪博士曾说过两个口袋的故事，'曾经有两个神奇的口袋，一个是善意口袋，另一个是诱惑口袋。善意口袋里装的是爱心与慈善，诱惑口袋里装的是妒忌与奢侈品'。"

"那到底该不该买奢侈品呢？"松鼠小姐问道。

"从买奢侈品的角度来说，奢侈品既可以展示自己的经济实力，也可以彰显个人魅力，买不买完全取决于个人。"鼹鼠小姐说道。

"好像老师也说过，人生就是一连串的选择，看来做任何事情都是有学问的啊！"燕子小姐说道。

"是的。老师在给我的理财日记本里写道，'享乐就享受未来的快乐'。我一直觉得这句话很有道理，和很多人讲的'及时行乐'正好相反。"鼹鼠小姐说道。

"不过，我觉得及时行乐也没有什么不好，毕竟人生短暂啊！"喜鹊小姐说道。

"正因为短暂，所以我们才要过得有价值。生命的意义是成为最好的自己，而不是享受短暂的快乐。"鼹鼠小姐说道。

"那究竟该如何选择呢？"刺猬先生慢吞吞地说道。

"仁者见仁，智者见智，每个人不同的选择也造就了世间多样的人生。"鼹鼠小姐说道。

这时，猴子大哥对旁边的企鹅先生说道："鼹鼠小姐将理财学得这么好，你们应该过得不错吧！你也应该多给她买些奢侈品才对啊！"

企鹅先生的脸变得通红，他半天都没有说出话来。因为企鹅先生知道，他们的经济状况并不好。他们在橡树国也没有任何的经济基础，且还要为即将出生的宝宝做好资金储备，现在正是他们最艰难的时期。

鼹鼠小姐看在眼里，疼在心里，忙替丈夫解围道："奢侈品对我来说还不是必需品，我们还在扎根期奋斗呢，不过我想将来都会有的，是吧？"

企鹅先生忙点头，说："那是一定的！"

"那就对啦！哈哈！"猴子大哥接着说道。

兔子大姐好像看出了些什么，她对鼹鼠小姐说："你有这样的理念，成功是迟早的事儿。明天我们一起去拜访老师猪博士吧！"

鼹鼠小姐看着兔子大姐那关切的目光，点了点头，说："好的。谢谢兔子大姐了。"

当天的聚会结束后，企鹅鼹鼠夫妇又回到了自己的家。

企鹅先生对鼹鼠小姐说："亲爱的，都是我不好，让你跟着我受苦了。我一定要加倍努力，让你过上好的生活，我也想买一枚钻戒送给你呢！"说着，他还真从木桌的抽屉里拿出了一个盒子，里面居然放了一枚亮闪闪的大钻戒。

鼹鼠小姐忙说："亲爱的，你哪里来的钱？现在还不是买这些的时候啊！"说话的同时，鼹鼠小姐的眼中也闪现出点点泪花，要知道他们此时的经济状况可谓是糟糕透顶。

企鹅先生笑着说："不用担心，亲爱的，这不是真的钻戒，正好赶上商场打折，很便宜，我还买了好几枚呢！"

鼹鼠小姐也不知是该哭还是该笑了，说道："唉！刚刚才说过，买多余的东西就是奢侈行为，你现在又买了。"

企鹅先生不好意思地说："这是前几天买的，因为担心便宜容易坏，我还多买了几枚，用不了还可以当装饰品。"

此时，鼹鼠小姐越听越生气，她联想到了很多，于是抓起那把假钻戒朝窗外扔去（向外抛物请勿效仿）。

企鹅先生有点生气了，他正想发火，但仍强忍着说："为什么这么做？那可是我对你的心意啊！只是现实情况不允许我买真的嘛！我又做错了吗？"

鼹鼠小姐看着丈夫，百感交集，她耐心地对企鹅先生说："我没有全扔掉，还留了一枚，因为这是你对我的心意。当然，我是不会戴假钻戒的，但我会保存好，等你用自己的实力买一枚真的钻戒给我。"说着，鼹鼠小姐摊开手，手上放着一枚假钻戒，她继续说道："我扔掉的那些，你不要去捡，因为那些也代表了你身上的不足。我们克服了重重的困难和阻力，来到橡树国安家，你的责任并不轻，我和孩子未来的幸福都与你息息相关。如果你到现在还没有远大的目标和正确的理念，只盯着这些小事，我们当年共同向往的美好未来又会在哪里呢？我知道你很难，但你必须坚强，我也一样，我们必须同舟共济，撑起这个家才行啊！"

　　企鹅先生其实也觉得自己的行为不妥，尤其是今天聚会时听了鼹鼠小姐说的话，于是他下定决心改变自己。

　　他对鼹鼠小姐说："亲爱的，放心吧！我会让你幸福的，虽然我现在的能力有限，但我会努力的！这种错误，我以后不会再犯了，我一定会为你打造一个温馨而安全的家庭港湾。"

　　鼹鼠小姐明白丈夫的本意是好的，她也只是想让丈夫改掉不好的习惯，尽快获得成功。其实，她看到企鹅先生每天辛苦地工作也很心疼。

　　企鹅先生看到鼹鼠小姐的眼里满含泪水，各种心酸不禁涌上心头。刚到这里的时候，他们既没有亲人，也没有朋友，只有靠自己生存下来。想到鼹鼠小姐本是家里的掌上明珠，现在却跟着自己吃了不少苦，企鹅先生的眼睛也湿润了。

　　那晚，他们抱头痛哭，一夜未眠……

第十章

人生课堂

第二天，兔子大姐开车来接鼹鼠小姐了，车上还有喜鹊小姐和燕子小姐，她们都是听到兔子大姐要去拜访猪博士，所以也要求去的。

她们来到猪博士办公室门口的时候，见大黄先生正站在那里。兔子大姐向他说明了来意，在大黄先生进去请示后，她们便听到了猪博士那熟悉的声音："快让她们进来！"

鼹鼠小姐看到猪博士正坐在办公桌后。猪博士的办公室其实并不大，一张橡木办公桌就占了房间很大的一部分，她们4位学生坐在办公桌前的一排椅子上，刚好坐满。原来，猪博士自己也是很节俭的，他可以给学生最大的教室，自己却只用有限的办公场所。

猪博士的桌上摆着一摞书，一本书反扣在桌子中央，一支金色的钢笔正躺在一张写满了字的白纸上，笔帽还没有盖上。桌子两侧分别摆放着一个金色的地球仪和一面蓝色的橡树国国旗。

大家在愉快的氛围中交谈起来，其中夸奖兔子大姐和鼹鼠小姐的话最多，尤其是夸兔子大姐是现实中的冠军。尽管鼹鼠小姐当时没有说话，但猪博士已经敏锐地察觉到这些学生一年以来的变化了。

他微笑着对鼹鼠小姐说："优秀和冠军其实是给别人看的，人最重要的还是要有自己的信念，只要你的信念仍在，你就是冠军。你们大家也是一样的啊！"猪博士说完，扫视了一下她们。

大家都心领神会，纷纷点头。

猪博士指着窗外，说道："你们瞧那边，那就是你们一起种下的橡果，它们现在都是小树苗了。"

大家起身向窗外望去，远处操场旁的那块空地上长出的一排排绿色的小树苗，洋溢着生命的活力。

鼹鼠小姐看着那些小树苗，她想起了自己当年的誓言——用 10 年的时间来实现精彩的人生。

兔子大姐准备回海丽国，所以她起身向猪博士道别，大家也准备和兔子大姐一起回去。这时，猪博士却留下了鼹鼠小姐，说要和她商量下一届理财大赛的题目。

猪博士对鼹鼠小姐说："孩子，你是遇到什么难题了吗？"

鼹鼠小姐低着头说："我觉得我只会纸上谈兵，现实中的我过得一塌糊涂，是个失败者，给您丢脸了！"

猪博士非常关爱自己的学生，他对鼹鼠小姐的期望很高。他关切地问："是什么让你觉得自己是个失败者呢？在我眼里，你依然非常优秀。"

鼹鼠小姐看着猪博士，说："真的吗？老师，我可是刚才您的几位学生中，过得最差的一个。"

猪博士笑着说："傻孩子，我明白了。你因为现实中的生活过得不如另几位同学，就有点自卑了。你忘了我说的话了吗？在我眼中，橡果就是橡树，而橡树其实也是橡果。就像你一样，未来的你由现在的你造就，现在的你正在为成为未来的你积蓄力量。"

鼹鼠小姐说："老师，我明白！但现实经常是残酷的，我每天都要面对微薄的收入，每笔开支就像扎在我的心上一样。我们没有积蓄，那笔奖金马上也要用完了。我做了一年的幼儿教师，收入也不是很理想。而我的丈夫企鹅先生还被困在一些小事上，在工作上也没有大的进展，虽然辛苦，收入却很低。我不知道我们未来究竟路在何方，我时常感觉很迷茫，夜晚常常被莫名的恐惧惊醒。我还时常感到不安，头也昏昏沉沉的，但这些又不能让别人看出来，有时掩饰得真的很痛苦……"

鼹鼠小姐说着说着，便难过地趴在猪博士的办公桌上哭了起来。

猪博士没有说话，只是递给了鼹鼠小姐一包纸巾。他深深明白一个普通人要想成功蜕变有多难！人们都渴望华丽转身，却不知那要付出多大的代价，尤其在转身前还要擦干眼泪。但这一切又都是必须经历的，因为没有泪水就没有至深的感悟。

猪博士觉得鼹鼠小姐应该哭够了，就对她说："我知道你心里很难受，都哭出来吧！在老师这里，没有人笑话你。"

"老师，我们一直在和命运抗争，但我们的生活怎么越过越难，我真的不知道该怎么办了！"鼹鼠小姐伤心地说道。

"我理解，但也许有更好的办法。"猪博士说道。

"还有比抗争更好的办法吗？那是什么？"鼹鼠小姐止住了眼泪，问道。

"就是不抗争。"猪博士淡淡地说道。

"那不就是放弃吗？我拼命抗争都没有成功，怎么能放弃呢？"鼹鼠小姐说道。

"因为有些时候，不抗争就是抗争，不抗争不是放弃，不知你能不能理解呢？"猪博士又说道。

"就像无声地抗争吗？"鼹鼠小姐的眼里充满了疑问。

"也不是。我也有过类似的经历，在家族衰败的那些岁月里，好像每一次抗争换来的都是更加残酷的现实。对此，我曾捶胸顿足，却又无可奈何；我曾仰天长叹，却又无计可施。后来我想明白了，我选择不抗争，我不再天天为如何脱困而夜不能寐，不再为没有取得成功而忧虑万分，也不再因别人异样的眼光而感到无比自责。"猪博士说道。

"老师您是说，您也有过这样的经历吗？我以为像您这样成功的人一生都是一帆风顺的。"鼹鼠小姐说道。

"傻孩子，世界上哪有一生都一帆风顺的人啊。你想成功，就要付出更多的努力，这也算是一种代价吧。在我想明白的那天，我就接受了自己的命运，不再和它抗争，甚至变得喜欢它了。我开始认真工作，积极为未来做好准备，笑着面对每一个人，对生活又燃起了热情。我逐渐变得乐观，思路也慢慢清晰起来。我观察着社会和身边的变化，终于发现了让家族再次崛起的那个契机，当然这已经是多年以后的事了。"猪博士说道，他的思绪仿佛又回到了过去那段峥嵘岁月。

"您接受了当时的现实，是吗？老师。"鼹鼠小姐问道。

"是的。我们照顾着几个孩子，过了好几年平静而普通的生活。那时虽然生活艰苦，但也有许多快乐，一家人变得更加和睦团结。这反而成了我们人生中最幸福的一段回忆。"猪博士说道。

"我明白了。您的确是通过不抗争来更好地抗争了命运，因为您没有让坏运气把您压垮，反而微笑着接受了它，这样它对您的伤害就没有了。既然坏运气对您无效，那您的人生中就只剩好运气了。"鼹鼠小姐好像也想明白了，她的心情也变得轻松起来。

"对，要相信大自然，一切都是最好的安排。即使有时没有安排好，那可能也是大自然对我们的一种考验。"猪博士说道。

鼹鼠小姐说："我懂了，谢谢老师！今天，您又给我上了一堂人生中真正的理财课啊！"

猪博士笑着说："想明白就好！"

时间过得飞快，一眨眼，一年又过去了。

鼹鼠小姐的生活也发生了许多变化，她已经学会了如何烹饪。她制作的小糕点更是邻居们的最爱，销量节节攀升。而企鹅先生也经过不懈努力，终于升职加薪了。

眼见收入有了增长，企鹅先生的老毛病却犯了，他又开始去买一些价低却无用的东西了。凡是新奇的商品，都是他的最爱。他越买越多，所买的商品也越来越贵。

为此，鼹鼠小姐和他争论好多次。

鼹鼠小姐说："说了多少次了，你还是控制不住自己的购买欲望，尽乱花钱，不要忘了，我们的生活只是刚刚好转。等到孩子出生，现有的这些储备可是远远不够的啊！你忘了吗？不能因为现在收入多了就乱花钱。你现在是拿自己孩子的奶粉钱去买你的那些新奇的东西啊！你如果觉得合适，就去买吧！"

企鹅先生看到妻子不高兴了，也觉得自己做得不妥，但不知为什么，买东西的时候就全忘了。最后，他们决定小额支付由企鹅先生负责，而大额支付则必须由鼹鼠小姐亲自操作。

但鼹鼠小姐很快就发现，企鹅先生在小额开支上也存在着很大的问题。企鹅先生是很节俭的，他平常滴酒不沾，也不会给自己买什么生活用品，几乎不怎么花钱。当需要买菜或买一些小件的生活用品时，鼹鼠小姐总是精挑细选、货比三家，而缺乏生活经验的企鹅先生却不以为然。他觉得东西都长得一样，所以每次都不问价格，也不挑选，经常买回来后才发现，有的东西早已经坏掉不能用了，他对此常常懊悔不已。因为他从小生活优渥，对生活的细节并不在意，尤其觉得自己将来要做一番大事，便认为这些细节不重要。

为此，企鹅先生还跟着鼹鼠小姐学习了很长一段时间的购物技巧，他发现购买商品看似简单，其中却也藏着深奥的道理。

鼹鼠小姐还将理财日记本拿给企鹅先生翻阅，日记本里有自己为家庭制作的账目，还有 10 个账户的计划安排等。

她告诉企鹅先生："知道吗？我们通过自己做饭，用心购物，已将生活成本压到最低了，比原来降低了近60%。现在每月扣除房租，总收入也有了一些结余，我把这些钱分别放在了孩子教育账户和用以应急的备用金账户里，并统一放在理财账户里进行投资，我已经购买了十几份橡树国国家财富基金了呢。"

企鹅先生听到后吃了一惊，说道："生活成本降低了这么多！真没想到呀！你还买了国家财富基金，真了不起！家里有你这个'金算盘'，我就放心啦！哈哈！"他高兴地边说边竖起了大拇指。

鼹鼠小姐也笑了，说道："这才刚开始呢！但你都看到我将钱放在哪里了，你要是再乱花钱，就是花孩子的钱和应急的钱，你可要想好了啊！哈哈！"

企鹅先生忙说："我可记住了，现在的工资全部给你，我一分不留！"

鼹鼠小姐说："亲爱的，为什么不给自己留点钱花呢？你老给我买零食吃，自己却什么也不买，渔场的同事们还老说你是'妻管严'，我听了心里特别难受！"

企鹅先生笑着说："没关系，亲爱的。你知道吗？我很高兴他们这么说。"

鼹鼠小姐不解地问："为什么？"

企鹅先生说："其实大家工资都不高，而我认为每月领的钱并不是我自己真正要赚的钱，只是我们的生活费。我相信，现在只是过渡期，我们会拥有更富裕的未来。再说了，减少自己的欲望和需求，把仅有的钱用在自己心爱的人身上，怎么会不高兴呢？其实最让我痛心的是，我现在的能力有限，只能给你买些零食，但我会努力改变，给你更好的生活，因为你快乐我才会快乐啊！"

　　鼹鼠小姐突然觉得企鹅先生变成熟了许多，她眼里泛着泪光，轻声说道："放心吧，我会把我们的家管理好的，家里的财务问题你永远也不用担心，因为我可是会理财的小鼹鼠。嘻嘻！"

　　说完，他们幸福地拥抱在一起。虽然现在依然很艰苦，但他们已经看到了希望。

　　很快，即将成为母亲的鼹鼠小姐迎来了人生中的一次重大考验，她不仅要面对身体上的变化，还要应对心理上的焦虑。对一些年轻人来说，这将是挑战颇大的人生阶段，当初的二人世界就要变成三人世界了。

　　孩子的出生，为他们带来了希望。原来他们还担心养孩子的花销太大，负担不起，但就像猪博士当年讲的那样，不必太过焦虑，大自然好像都安排好了一切。企鹅先生在孩子出生的那一年，担任了渔场的工头儿，收入又涨了一大截儿。面对劳动多年所获得的成果，企鹅鼹鼠夫妇也准备贷款买下他们人生中的第一套房。

　　他们将自己的新家安在了美丽的橡山湾，因为那里环境很好，还有很多老朋友，就是发展得有点缓慢，但房价也相对较低。

　　企鹅鼹鼠夫妇受到了橡山湾居民的热烈欢迎。他们自己也非常喜爱这个地方，尤其是夏季每晚的"篝火晚会"活动，让人感觉生活丰富而精彩。

一次，他们邀请猪博士夫妇前来做客。猪博士也对这里得天独厚的环境很感兴趣，准备建议国王加强建设。大家听了猪博士的话后，更是欢天喜地，感谢之余还邀请他们参加了这里的特色活动——"篝火旁的华尔兹"。

在美妙的音乐中，猪博士拉着夫人的手，边跳边想，今天带夫人来对了。几十年了，自己忙于公务，都很少陪夫人跳舞，现在真得感谢大家，尤其是鼹鼠小姐和企鹅先生。

他不禁看向他们，发现这对年轻夫妇的舞姿真的很美。

猪博士心想：他们总算走过了风雨，迎来了彩虹，靠着自己一步一步走到了今天，这种精神真是弥足珍贵呀！

第十一章

省钱小妙招

两年以后，国王听取了猪博士的建议，将橡树湾规划为一个集旅游观光和渔业、种植业于一体的经济新区，并新修了一条由市区通向山顶的柏油马路。交通的便利让这里的游客日益增多。山顶的千年冰洞探险、山间的葡萄采摘、山下的月牙河游览和垂钓等，都吸引着众多的游客来到这里。

橡山湾居民的生活条件越来越好，大家的收入更是越来越高，但企鹅鼹鼠夫妇家仍然过得很节俭。对于这点，企鹅先生有点想不通，他对鼹鼠小姐说："咱们的收入已经比过去高很多了，怎么你还是那么节俭呢？我多想买把电吉他呀，说了好几次了，你也不让买。唉……"

鼹鼠小姐看着企鹅先生一直在叹气，觉得很好笑，现在已经是渔场负责人的丈夫，有时候还像个孩子。

鼹鼠小姐解释道："我理解，现在让你放弃自己想要的东西，一定很难受。但现在我们的任务是快速积累家庭财富，如果钱都用来买了自己想要的东西，那就没有用来赚钱的钱啦。当然如果你一定要买，我也会同意的，亲爱的！"

企鹅先生在经过一番心理挣扎后，决定不再提这件事了，他对鼹鼠小姐说："其实我知道你是对的。音乐只是我的一个爱好，我并不想成为音乐家，也不可能通过弹吉他来赚钱养家，以后我不会再说了。"

鼹鼠小姐却说："电吉他是一定要给你买的，但要等到我们的理财账户金额达标后再买。现在你的任务就是多赚钱，我的任务就是把财理好，但要想理好财，就得控制好消费。"

企鹅先生点点头，说道："那我们如何才能控制好消费呢？"

鼹鼠小姐笑着说："你生活经验少，自然很难理解生活中的省钱之道。不过，周末兔子小姐和经济学院的同学要来咱们家聚会，我们正好要研讨如何省钱，到时你听听不就明白啦！"

企鹅先生说："是吗？我每天忙得昏头昏脑，都不知道你们每次聚会还要学习呢！周末我一定参加。"

这天一大早，兔子小姐和同学们就来敲门了。他们的约定是，每个周末到一个邻居家里聚会，这次轮到鼹鼠小姐家。

他们围坐在后院的一张大桌子旁，猴子大哥先说道："咱们橡山湾出了两位节约'明星'，一位是兔子小姐，另一位是鼹鼠小姐。这次，你们两个可要好好说说，有什么省钱的小妙招啊？哈哈！"

喜鹊小姐也说道："是啊！现在的收入是比以前多了很多，但总感觉手里还是没钱，记得老师让我们控制好支出，但到了月底，钱还是莫名其妙地用完了。"

燕子小姐说道："谁说不是呢！真的很气人啊，我变得比收入少时还要穷，我的旅游计划都搁浅了呢！"

松鼠小姐说道："老师讲的东西，我好像也全忘了，不知该怎么办才好！"

连不爱说话的刺猬先生都说："都说赚钱难，我看最难的是如何留下钱，里边的学问可不浅。"

兔子小姐说道："省钱其实不难，关键是你要节省，尽量少花钱。像你们嘴上说省钱，可实际的行动是，衣服、鞋子都要买名牌，还一买就买好几套，在专卖店买完了，还要回家上网买。吃饭又都爱去饭店，从来也不自己动手做饭。而我不光不喜欢购物，还要自己做饭，甚至菜都是自己种的呢。你们说，怎么能不省钱呢！"

猴子大哥说道："兔子小姐你说得没错，但我们都不会做饭，更不会种菜，只能去饭店吃饭呀！"

喜鹊小姐也说："生活好了，都不能多买几件新衣服穿，也太省了吧。我是喜欢买品牌的衣服，但你们知道吗？品牌的衣服一般特别耐穿，我觉得买它们比买一堆劣质的衣服最后扔掉要省钱吧！"

兔子小姐有点急了，说道："你们那是爱慕虚荣，我的衣服是很廉价，但也很耐穿。"大家看到兔子小姐的衣服虽然干净整洁，但样式已经明显落后于这个时代了。

兔子小姐接着说道："种菜谁不会？说到底，还是懒呗！"猴子大哥的脸都红了，但他仍耐心地听着。他们对聚会是有约定的，就是大家可以畅所欲言，但绝不能因此生气。

兔子小姐还在说："要是大家都能学会自己做饭，就一定可以节省很多钱。像鼹鼠小姐，不就是因为会做饭而攒下钱的吗？"

大家把头都扭向鼹鼠小姐，鼹鼠小姐正要说话，却听到刺猬先生又慢吞吞地说道："我就是自己做饭，菜也是自己种的，也没有多买什么品牌衣服，但我怎么也省不下钱呢？"

兔子小姐说："那你一定是有什么大的消费项目吧？"

刺猬先生说："也没有啊！"

猴子大哥说话了："你是没有什么大的消费项目，但你净买一些价格低却没用的东西，那能省下钱吗？"

企鹅先生心想：刺猬先生怎么老犯和自己同样的毛病呢？

刺猬先生也有点生气了，说道："我买东西可是经过了精打细算，趁着价格低，多买些留着备用，要不到时就要花高价买了。"刺猬先生说的时候，心里还想着去年商场打折时，自己买的 50 个衣架、10 双皮鞋和 20 件衬衣，虽然一直还没有用到，但这些都是他储存的宝贝。

鼹鼠小姐见大家七嘴八舌，越说越混乱了，就清了清嗓子，说道："大家不要吵了，这样讨论是没有结果的。"说着，她起身回房拿出了自己的理财日记。

大家不再说话了，都看着鼹鼠小姐。

鼹鼠小姐慢慢地把铜制密码锁打开，将日记捧在手里，翻了一阵，突然大声说道："找到了，这是猪博士写给我的理财金句，你们可要听好了啊！"

大家都把耳朵竖了起来，因为老师当年讲的课，其实他们早都忘记了。

鼹鼠小姐说："猪博士认为，很多人无法省下钱的原因是'看得太多',每天盯着网上的促销活动和商场的打折信息,而不是盯着自己的理财计划,一有闲暇时间,就喜欢逛街或者浏览购物网站,所以很容易买到多余的商品。要知道,'省=少+目',其实就是'少看即省'的意思,只是大家都没有注意到罢了。"

大家都沉默了,他们都在反思自己以往的行为。

鼹鼠小姐接着说:"猪博士还认为,如何花钱是一门充满智慧的学问,而养成良好的消费习惯也是成为富人的第一个秘诀。"

兔子小姐没有上过猪博士的课,她突然觉得猪博士的课远比自己想象的要有用得多。

鼹鼠小姐继续说道:"商品可以分为必需品、可选品和奢侈品3类。必需品是我们日常必须购买的商品;可选品是用于提升我们生活品质的商品;而奢侈品是价格较前两者更高但实用性并不强的商品,只为满足某种心理需求。"

刺猬先生接话道:"说得太对了!我就只买必需品,而且储备了很多呢!"

企鹅先生说道:"你的毛病和我的一样,其实购买廉价的无用商品,本质上也是一种奢侈的行为啊!"

刺猬先生说道："怎么会呢？我买的明明都是价格很低的商品嘛！"

鼹鼠小姐忙解释道："企鹅先生说得没错，他过去老犯这种毛病，被我狠狠批评过。因为现实中，奢侈品其实有两种，一种是绝对价格高的商品，就像昂贵的宝石；另一种是相对价格高的商品，也叫对人来说多余的商品，比如很多几乎用不到的低价商品，因为它们的价格低，人们在购买时往往会忽视这一点，但这样增加了不必要的花费，所以这些商品的相对价格就会很高。"

刺猬先生红着脸说道："原来是这样，怪不得我这么节省，还是省不下钱来，原来这也叫奢侈，受教了！"

鼹鼠小姐说道："对于大部分人来说，买奢侈品对财务状况的影响是很大的，花钱的智慧主要体现在购买可选品上。"

接下来，鼹鼠小姐便分享了一些省钱心得。

首先，她买东西一定是按照必需品、可选品和奢侈品的顺序来进行的，非常自律。

必需品是日常必备的商品，所以是一定要买的。鼹鼠小姐会先列出家庭日常生活所需的各种食材和物品，然后在它们促销的时候进行选购。比如，买果蔬最好是买应季的，因为此时产量大，所以价格相对较低，最关键的是应季的果蔬营养丰富、口味极佳，像夏季的西瓜、西红柿和秋季的葡萄等。

大型超市经常会搞优惠活动，此时打折的果蔬一般都是鼹鼠小姐的购物首选。她说有些食品打折并不是因为质量问题，而是超市的促销手段，这也让她不必为每日去想做什么饭而苦恼费心了，只要跟着超市活动安排就行了。例如今天西红柿特价，那就做西红柿蛋花汤；白菜特价，就做炒白菜……超市的"特价菜"越多，鼹鼠小姐家餐桌上的菜肴就越丰富。有时候，鼹鼠小姐和企鹅先生也会一起去附近的大型农贸市场集中采购，那里的商品自然更便宜。

现在，很多商品也可以在网上购买。网店为了吸引人气，称有的商品价格极低，但需要搭配别的商品一起购买。鼹鼠小姐早有计划，她会将家中储备不足的食材和这些价格极低的商品一并购买。不过她提醒说，不要因为价格极低而随意搭配购买一些无用的商品，因为此类商品都有保质期，过期浪费就不好了，一定要对家里的物资情况有所了解，提前做好合理安排。

通常，鼹鼠小姐在购买完这些低价的组合商品后，还会向商家申请免费赠送一些配料或其他小商品。比如在菜市场，鼹鼠小姐常光顾的商家会赠送她一小把香菜、一个胡萝卜等，这些食材刚好能丰富菜肴；网购时，鼹鼠小姐在购物达到一定金额后，也会和商家协商能否赠送她店里其他实用的小物件，虽然常被拒绝，但她说还是要去争取，而且她一般都会给同意赠送小物件的商家 5 星好评。

鼹鼠小姐这么做的另一个原因是，这样一来，她将是这个商家的老客户，还是会自发向朋友们宣传的那种老客户。商家自然也很喜欢这样的忠实客户，所以给她优惠价也是常事。长此以往鼹鼠小姐也会对商家销售的商品的价格、质量和规格都相当了解，也更便于在商品促销时有计划地进行购买。

鼹鼠小姐在购买商品时，通常最注重的是性价比。在有同样的性能时，她会选择非名牌的商品，当然也不能选择老鼠兄弟工厂生产的山寨商品，她选择的一般都是口碑较好的大众品牌。她收藏的网店都会介绍商品的产地，来自原产地的商品就是一个很好的选择，因为这意味着这类商品一般有相对较低的价格和较好的质量。鼹鼠小姐会将一类商品在多个店铺的销售价格进行对比，并考虑其他客户的相关评价后，选择价格适中的那款，这样自然就会买到最合适的商品了。

其次，鼹鼠小姐对可选品的态度是比较谨慎的。她说，可选品是有钱后为提升生活品质而购买的商品，所以如果心仪的可选品能帮你提升的生活品质层次并不高，则失去了购买这类商品的意义；如果它能帮你提升的生活品质层次过高，也要小心过于透支家庭的财富而得不偿失。

可选品可分为两类，一类是为了提升家庭生活品质的普通商品，另一类则是梦想品——当然这也能提升家庭生活品质。如是第一类商品，则应按照"性价比"原则择机购入。如是第二类商品，鼹鼠小姐一般会仔细鉴别这些梦想品和实际生活的关系，按照关系的紧密程度为梦想品排序，然后将该顺序作为自己将来购买它们的顺序。而购买的前提就是理财账户中的资金增长，每达到一个级别，就可以用赚来的钱去购买一件梦想品。

最后，鼹鼠小姐一般都会在决定购买某件可选品后，再等一段时间，如果那时还是初心不改，她才会去真正购买。

企鹅先生突然想到了电吉他，他赶忙把脑海里的这个图像"擦掉"，若有所思地说："可选品该如何选择呢？比如买一台冰箱。"

鼹鼠小姐微笑着说："可选品又可分为长期使用的物品和短期使用的物品，它们的选购标准的区别就是：前者要考虑长期可能产生的费用，后者则不用考虑。长期使用的商品的购买价格可以稍高一些，而短期使用的商品的购买价格应该稍低一些。大品牌的冰箱虽然贵，但长期来看还是合算的。如果买了老鼠兄弟工厂生产的廉价冰箱，维修和更换的成本可能更高。"她想了想，接着又说，"但刚刚那种情况适用于一次交费，多次使用的情形，接下来我要讲的需要多次交费的情况则正好相反，长期的交费一定要选择费用低的，而短期的甚至一次性的交费，可以选费用高一些的。如要长期支付的房租和要短期支付的学费等。"

喜鹊小姐问道："那奢侈品应该什么时候买啊？"

鼹鼠小姐回答："在你买奢侈品却不算奢侈时。因为买奢侈品是否算奢侈行为是和资产的多少有关的，如果提前购买，那你的资产就不能很好地积累，恐怕永远也没有能买奢侈品却不算'奢侈'的时候了啊！"

企鹅先生突然想起了什么，问道："记得你说省钱就要学会'拆东墙补西墙'！这是什么道理啊？"

鼹鼠小姐笑着说："你还记得这个啊！我的意思是，

当买一件商品节省了一些钱的时候，就要想到这些钱能用到别的地方，这就叫'拆东墙补西墙'。"

企鹅先生也笑着说："想起来了，上次你买了件打折的大衣，非要店主再优惠你 10 元，临走时你对我说的就是这句话。我现在才明白，你的意思是在大衣的'东墙'上拆了块砖，转身就补到'西墙'——打车一事上了吧？"

鼹鼠小姐说："是的，多消费 10 元与节省 10 元之间差的可是 20 元，而不是 10 元。"

松鼠小姐也问道："如果商场打折，比如一副眼镜原价 15 元、现价 10 元，而原价 20 元的一副带眼镜盒的眼镜仅卖 15 元，该怎么选？"

鼹鼠小姐说："你是要考我吗？首先它们都是打折的商品，性价比都不错，但细分析起来，又有区别。不管它们如何打折，实际的情况是眼镜 10 元、眼镜盒 5 元，而最节俭的做法是用最少的钱来满足需求即可。这里要注意的选择技巧是'对有价值的，要敢于花；对没价值的，要敢于省'。就眼镜盒与眼镜的价值来说，如果你没有购买眼镜盒的实际需求，那么千万不要被看起来合算的眼镜盒'诱惑'，花 10 元买的眼镜要比花 15 元买的带眼镜盒的眼镜性价比更高。"

松鼠小姐说："原来如此。怪不得我曾听说有个非常富有的人打算送给爱人一枚价值百万的钻戒，但这枚钻戒却是用烂报纸包着的。'对有价值的，要敢于花；对没价值的，要敢于省'，大概说的就是要把钱花在刀刃上的道理。"

鼹鼠小姐道："对的。说实话，消费的学问和技巧非常多，三天三夜都说不完。"

企鹅先生说："我看你喜欢用信用卡购物，却不让我办理太多的信用卡，这是为什么呀？我一直想问问你呢。"

鼹鼠小姐说："这个呀，你怎么不早说？我以为你都知道呢！我用信用卡并不是因为咱们家的日常消费账户缺钱，恰恰相反，这个账户的资金很充裕。我主要是看重信用卡有 30 天的免息期，我先用信用卡买单，然后用本来要花的这笔钱去进行短期理财，下个月到期再将钱还上，这样日积月累，也能赚不少钱。最关键的是，信用卡如果是和一些单位联办的，还有许多优惠活动可以参加，比如购买优惠的机票、酒店和低价的电影票等。另外，到了年底也可以用积分进行商品兑换，咱们家里的很多厨房小用品都是我用积分兑换的。还有航空公司的积分也可以用于兑换商品，而且他们提供的可兑换的商品一般都有很高的品质。"

企鹅先生说："原来有这么多好处，那我是不是也应该办张大额信用卡，或者多办几张。"

鼹鼠小姐说："通常情况下，信用卡的额度和你一年的消费额度有关，比如我是家庭主妇，那么我的信用卡的额度就是我一年的消费额度，这和我日常消费账户里的钱是对应的。而如果是你这种经营企业的，那么你的消费额度要比我的大些，但出于安全考虑，额度并不是越大越好，因为额度越大，产生风险的可能性就越大。另外，办的卡越多，财务的出路和可能出现的漏洞就越多，从而使风险越不可控。信用卡的逾期利息是很高的。要知道，信用卡是让你消费透支用的，但不是让你'透支消费'用的。这两者的区别在于，前者强调透支，在你可消费的额度内透支；后者强调消费，即为了满足自己的消费欲望，而不加节制地透支。举例来说，如果你的月收入为5000元橡树币，你想要购买一个价值10万元橡树币的包，这种远超过你还款能力的消费就是透支消费。"

企鹅先生笑着说："明白了，我还真没想过这些，好在有你把关，我就不用那么费心了。怪不得你交保险费每次都要等到宽限期末才交，是不是也将钱拿去理财啦？"

鼹鼠小姐说道："是的，没错。不过我只做有收益保障的理财，不做风险投资。信用卡的还款记录良好，其实有一个好处，那就是方便我们贷款。如果你是信用卡白户（指没有银行信用记录的人），银行里没有可以查询的信用记录，那么相对来讲，银行是不'敢'贷款给你的。虽然如果手续齐全合规，银行也会贷款给你，很可能未必像其他有还款记录的人去贷款一般流畅。"

企鹅先生听完，不由得在心里竖起了大拇指，他发现大家也都听得入了神。

猴子大哥又问道："刚才你说到梦想品，我的梦想品有很多，如跑车、别墅、游艇和飞机，可照你这么省，什么时候才能买呢？"

鼹鼠小姐笑着说："梦想多是好事，说明你还很年轻啊！但梦想和欲望是双胞胎，我们有时很难区分它们。当梦想沦为满足欲望的借口时，那梦想就会变得很可怕，所谓欲壑难填。而只有在摆脱欲望之后，梦想才会变得更有意义。欲望大多是自私的，而梦想则多是无私的。所以，有'节制'的梦想才是真正的梦想。"

猴子大哥的脸此时更红了，他说道："今天聊得很好，回去大家都好好想想。怪不得鼹鼠小姐会成为当年的理财冠军，果然是实至名归啊！"

鼹鼠小姐忙说："我的成功主要靠猪博士，还有就是靠大家了。我说的也是肺腑之言，如有得罪之处，还请大家见谅。"说完，她起身抱拳致意。

大家都笑了，因为大家心里都明白，虽然今天的学习和交流让他们脸红，但他们也得到了有用的知识。那些省钱的小妙招，都是人家鼹鼠小姐用心积累的啊！

最后，鼹鼠小姐合上了日记，缓缓说道："谢谢大家的信任！其实，生活才是最大的一门学问，只要用心，节俭的方法会有很多。比如，你可以学会做饭，在花园或阳台种菜，将自己不用的东西卖掉，买二手的物品，买尽可能少但够用的家具来节省空间，错峰旅游观光并自带水杯等。只要你想，你就可以想出很多节俭的方法。"

第十二章

老师的投保建议

　　家庭收入的持续增长，让鼹鼠小姐觉得应该考虑一下家人的保险计划了，尤其是孩子 Zebra 也慢慢长大了。

　　Zebra 长得和父亲一样精神，也非常善良和活泼。但孩子老说自己叫小斑马，这让企鹅先生很纳闷。他问 Zebra："你为什么叫自己小斑马呢？"

　　Zebra 答道："爸爸，我的名字翻译过来就是斑马呀。嘿嘿！"

　　后来，鼹鼠小姐告诉企鹅先生，因为企鹅先生外出工作时，家里就剩自己和孩子，自己又忙于家务，所以时常给孩子看动画片《小斑马的故事》。孩子看得可带劲了，经常模仿片中那个机智勇敢的小斑马形象，正好他的名字 Zebra 翻译过来就是斑马，于是他喜欢让别人叫他"小斑马"。

　　Zebra 在一旁笑着说道："我觉得世界上最美的颜色其实就是最简单的黑色和白色，拥有黑色和白色的动物都很聪明和勇敢呢！像爸爸和妈妈、我、山上的熊猫和动画片里的小斑马……"孩子说得没错，连他最喜欢的乐器，都是拥有黑白琴键的钢琴。

企鹅先生突然觉得自己的孩子长大了，已经不是那个印象中只会哭闹、玩耍的"熊孩子"了。

企鹅鼹鼠夫妇决定尽快为 Zebra 买一份保险，但他们不知该买什么保险及做哪方面的理财规划，为此鼹鼠小姐专程去请教猪博士。

鼹鼠小姐说："老师，我们现在的收入比过去多了，孩子也逐渐长大了，现在该做哪方面的理财规划呢？"

猪博士说："收入多了是好事，但你们未来的收入还没有保障，建议你们去购买保险。另外趁孩子还小，保费相对较低，给孩子买一份保险，也算送给孩子一个礼物吧。等过些年，孩子再大些，可以给孩子开一个理财账户，把你们在我这里学到的知识'传授'给他，这样孩子的未来也有保障了啊！"

鼹鼠小姐说："您说得太对了，这也是我最想问您的，可我还真没研究过保险呢。不过，我和企鹅先生商量好了，准备给孩子多买些保险，但不知该买哪些保险产品。老师，您有好的建议吗？还有，保险公司这么多，该选择哪一家呢？"

猪博士微笑着说："先别急，保险知识其实很简单，我在课堂上也是一带而过，但保险的内容却很广泛，所以很容易给人造成选择上的困扰。不过你提醒了我，看来我在以后的理财课堂上，也要多讲些保险知识了。哈哈！"

鼹鼠小姐边笑边眨眼睛，说："那您现在讲也不迟啊！嘻嘻！"

猪博士想了想，说道："保险的作用主要是风险保障。所以，你要明白人一生中可能会面临哪些风险。"

鼹鼠小姐说："我想就是生老病死之类的吧！"

猪博士点点头，继续说道："有句古话说得很好，叫'老有所养，幼有所教，贫有所依，难有所助'，而现代的保险制度就是为了实现这一目的而创造的。"

鼹鼠小姐说："看来保险应该是多多益善了吧？"

猪博士笑着说："这可不一定！有时正好相反。"

鼹鼠小姐一听，有点急了，她不解地问："为什么？"

猪博士说："保险买得多并不意味着你的保险意识就更强，因为买保险看的是保障，即保额的高低，而不是所交保费的多少。有些人买了很多的保险，但保额却很低，也就是说，他们购买了'不合算'的保险产品。"

鼹鼠小姐说："怎么会有'不合算'的保险产品呢？"

猪博士说："这很正常，因为保险公司也要发展，需要一定的利润支持，毕竟不是慈善机构啊。"

　　鼹鼠小姐好像有些明白了，说道："老师，我懂了。保险公司的产品非常多，有些是提供基础保障的，而有些则是兼顾公司利润的，所以我们要理性选择才对。"

　　猪博士说："是的，保险虽好，但还需理智购买，过度保障或保障不足都是不可取的。"

　　鼹鼠小姐说："太好了，我回去就给孩子买保障充足的保险，不能让孩子输在起跑线上呀。"

　　猪博士问道："那你和企鹅先生都买保险了吗？"

　　鼹鼠小姐说："我们还没有买保险，想先给孩子买，把最好的都给孩子，这也是我们对孩子的爱。您不也说，孩子年龄小，保费也相对较低吗？"

　　猪博士说："你们的心情我很理解，但你们想过没有，如果父母有了风险，那孩子的保费将由谁来支付呢？"

　　鼹鼠小姐挠挠头，笑着说："哦……对呀！我光想着孩子了，我怎么这么糊涂呢！"

　　猪博士也笑着说："不是你糊涂，只是感情影响了你的理性判断，你对孩子付出的是真爱。然而，一个家庭的保险规划重点应该是家庭的经济支柱，即父母，而不是孩子，因为孩子的'保险'其实就是父母。"

　　鼹鼠小姐点点头，说："哦，我知道了。应该先

'保'大人再'保'孩子，对吗？可针对大人的保险产品更是数不胜数，怎么才能买到'合算'的保险产品呢？"

猪博士说："优先购买消费型保险，如果还有相关需求，再考虑购买分红型保险和返本型保险。消费型保险是指所交的保费是不返还的，就像给汽车买的车险；分红型保险一般是'返本'的，还可能发放一定的分红，但多少不确定；返本型保险，就是有事保障，没事返本的保险。"

鼹鼠小姐说："消费型保险就是买保险的资金不予返还的那种吧？怎么感觉不如返还的好呢，毕竟自己的钱不会损失掉……"她说话的声音越来越低，因为她觉得老师说的一定是对的，但自己又总感觉有哪点不对。

猪博士看出了鼹鼠小姐的疑惑，就继续说道："买消费型保险看起来会花钱，但它是最'合算'的。你以为买分红型保险或返本型保险就没有花钱吗？"

鼹鼠小姐说："难道也会吗？"

猪博士说："当然了，你买的产品是保障，这也是需要成本的，所谓天下没有免费的午餐。其中，分红型保险是将你所交的保费先用于理财或运营，再扣除各项成本和公司利润后，才进行利益分红，前提是要有利润才行；返本型保险则是指返还你所交的保费，连投资收益甚至利息也没有，这些暗中损失的钱，足够你多买好几份消费型保险了。况且，保费都是在几十年以后才返还，如果当年拿去投资，那可是一笔不少的钱啊。"

"原来如此呀！"鼹鼠小姐恍然大悟。

"更关键的是通常这些产品的保费虽高，但保额都偏低，真正发生风险的时候，那点保障是完全不够的。"猪博士缓缓地说道，还下意识看了一眼墙上正在整点报时的钟，木质的钟上弹出来了一只小布谷鸟玩偶，它还发出了"咕咕"的叫声。

"老师，我知道您很忙，但我还有最后一个问题，想再问问您。买消费型保险我已经知道了，但具体该买什么品种的呢？"鼹鼠小姐问道。

"第一类就是大病医疗险，第二类是意外身价险，至于教育金、创业金、婚嫁金和养老金等，完全可以用投资基金来替代，而基金在投资方面也更专业。我也对国王讲过很多次，应该让保险公司和基金投资公司各司其职、发展专项业务，但鉴于各方的利益和市场需求，这种局面一时还难以改变。"猪博士说道。

"那看来就只能买消费型保险了吧？"鼹鼠小姐说道。

"也不全是，要根据自身条件和需求的不同来定，毕竟最'合算'的保险产品只是基础，你还可以配置其他类型的保险产品。但要注意，风险的保障是前提。"猪博士说道。

"我明白了，买保险买的是保障，所以消费型保险比较'合算'，可优先配置。分红型保险和返本型保险则可以后续配置，但要考虑保障的额度是否充足。"鼹鼠小姐说道。

"是的，用国王当时对我说的话讲，'任何事物都有其存在的价值，毕竟居民也有这样的需求，而国家的保险业也需要长远健康的发展'。"猪博士说道。

"那具体有哪些需求呢？"鼹鼠小姐又问道。

"有最基本的风险保障需求，在此基础之上的全面风险保障需求，另外还有投资理财的需求，大致就是这3类了。"猪博士答道。

"我想购买消费型保险满足的就是最基本的风险保障需求吧？要满足全面风险保障需求，就需要再购买一些其他保险了。其他保险适合资金量较大、对风险保障要求较高的人，但要满足您说的投资理财的需求，恐怕还是有所不足吧？毕竟术业有专攻，而投资分红只是保险产品附加的功能。"鼹鼠小姐发现自己对保险的认识也加深了不少。

"你说得没错，这些只适合不愿花时间和精力来理财的人。实际上，他们是将理财的事情托付给了保险公司来进行打理，当然也间接接受了理财是附加功能的这一事实。这应该算一种被动的保守型理财方式吧。"猪博士说道。

"明白了，这样的人的确有很多，怪不得他们都选择了多种类型的保险产品。而如果从另一种角度来看，买保险也可以成为主动理财的一种方式，所以我们有和他们不一样的需求。"鼹鼠小姐说道。

"是的。国王还对我讲了一句话，他说，'究竟哪种产品更好，就让市场来选择吧，当人们对保险产品的需求增加的时候，也是保险公司转型或创新之际'，我想这也是对的。"猪博士说道。

"嗯！保险、银行和证券是金融行业的三大支柱，我希望都能发展好，这样橡树国的经济实力才会更强，大家的需求才会被极大地满足，这对国家和个人都是有益的啊！"鼹鼠小姐又悟到很多道理，她不禁脱口而出。

"是的。哈哈！说得很好！至于家庭及个人的具体产品推荐和风险保额计算这方面，梅花鹿教授比我更专业，因为她不光是财务专家，也是经济学院讲授保险课程的老师，你有机会一定要听下她的专业课。"猪博士看到鼹鼠小姐总能心系大局，便露出了满意的笑容，只是因为时间关系，他不能再细讲了。

鼹鼠小姐本来还有很多问题要问，但听猪博士这么一说，也不便再问得更细致了。她心想：保险的确需要好好学习一下才行，没想到里边的学问这么大啊！

猪博士见鼹鼠小姐没有说话，就又说道："但如果精力有限的话，保险知识不一定要学得很专业，如果你可以找到一两个好的保险顾问，他们就能提供给你许多信息。当然，你也不能完全听信他们的营销建议，关键是我们要清楚，自己需要哪方面及多少额度的保障。"

鼹鼠小姐忙点头，说："对！经常有很多不同公司的保险营销员来向我推荐各种保险产品，我都感觉头绪很乱，不知该怎么选。"

猪博士请大黄先生带鼹鼠小姐去找梅花鹿教授，他感觉还是尽快让鼹鼠小姐搞明白保险才好。

梅花鹿教授是一位很温柔的女士，她带着一副大大的眼镜，脖子上还系着一条粉色的丝巾。她对鼹鼠小姐说：

"见到你很高兴，有什么可以帮助你的吗？"

"我想了解一些保险知识，刚才猪博士简单对我说了一些，但我还有些细节没搞明白。比如该如何选择保险公司呢？"鼹鼠小姐答道。

"国际上的保险法都有一样的规则，即保险公司是不能破产的，如果实在经营不善，那它的保险产品是需要别的保险公司接盘的，不会有任何风险。具体到选择哪家保险公司，就要看它的服务是不是令你满意了。从防范风险的角度讲，所有的保险公司都是一样的，都会受到国家的统一监管。不知我这样讲清楚了没有？"梅花鹿教授讲话有条不紊，逻辑也很清晰。

鼹鼠小姐听明白了，心想既然公司都差不多，那关键就是选择产品了，她说："您讲得非常清楚，我明白了，但我该买些什么产品呢？猪博士刚才建议我买消费型保险。"

"消费型保险的性价比的确高，买它是没错的，当然你也可以根据自己的实际情况综合考虑。请问你的家庭收入主要是什么呢？"梅花鹿教授问道。

"我的理财收入和我丈夫的工资。"鼹鼠小姐答道。

"我明白了，这样的话，你的家庭责任并不重，因为理财是可以自动生钱的，但你丈夫的家庭责任就很重，因为他一旦不能工作，收入就会中断。那你们家有什么必须支付的项目或贷款吗？"梅花鹿教授边分析边问道。

"您说得很对，我们现在有一个孩子需要抚养，每月还要给远方的父母一些赡养费，有一笔房贷需要偿还，剩下的就是生活费了。"鼹鼠小姐仔细计算着家庭的各项开支。

"我的建议是，你们夫妻每人都要购买一份重疾险和一份百万医疗险，这是因为你们一旦生病，就会影响家庭的财务，所以你们必须对自己加以保护。"梅花鹿教授说道。

"是的，保险就是家庭资产的保护网，而重大疾病则很可能是我们面临的最大风险之一。不过，老师，这两个产品有区别吗？"鼹鼠小姐是有一定理财观念的，只是她对保险的细节还不太清楚。

"区别很大的。比如重疾险的保额是 50 万元橡树币，如果你不幸罹患保单约定的重大疾病，这 50 万元橡树币是直接付给你的，没有其他条件。这笔钱可以作为你不能工作时的生活费，这样也不会影响到家人的正常生活。"梅花鹿教授看到鼹鼠小姐在不断点头，就继续说，"而百万医疗险是在生病后，需要先付款再报销的，花多少就报多少，但经济状况不好的家庭就会陷入被动，毕竟重大疾病的治疗费一般都很高。"

"我清楚了，您刚才说的重疾险的保额是 50 万元橡树币是怎么定的呢？那我交的费用高吗？"鼹鼠小姐对保险的专业术语不是很了解。

"哦，不会太高，因为你还年轻，只要没有得过一些影响你不能投保的疾病，费用并不高。你必须要了解的概念是，保费是我们所交的钱，而保额是保单约定的保障额度，两者是不同的。比如你每年交 2000 元橡树币，交 10年，保障自己 30 年的时间，与保险公司约定，如果你患上了保单合同上列明的疾病，对方要支付给你 50 万元橡树币的话，这里的 2000 元橡树币就叫保费，而 50 万元橡树币就叫保额，10 年就是你的缴费期，30 年是你的保障期。另外，保额和保障期都是可以自行选择的，要视医疗收费水平和自己的经济状况而定，而保费因每个人具体情况不同，所以各不相同。"梅花鹿教授讲得很详细。

"我看重疾险有一年一保的，也有一下子保 20 年、30 年、50 年的，或者直到保到 70 岁，甚至保终身的，到底应该怎么选择呢？"鼹鼠小姐又问道。

"首先，一年一保的重疾险适合资金有限的年轻人，但每年的保费会随着年龄的增长而提高，而且还要求体检合格，所以不太建议选择；其次，建议给孩子购买长期的重疾险，这种保险价格较低，而且以后每年交的保费也是一样的，可以让家长的关爱伴随孩子一生；再次，保险不是一次就购齐的，要看家庭的经济状况，比如可在0岁、5岁、10岁或20岁时分批购买，关键是要降低人在30~60岁这一'经济支柱时期'的疾病风险；最后，孩子在工作以后，应该再给自己买一份终身的重疾险，至少要保到70岁，这样保障得就较为全面了。"梅花鹿教授讲得有点专业，她建议鼹鼠小姐回去仔细琢磨下。至于选择多高的保额，梅花鹿教授说稍后会给她一份"最简保险计划表"，她一看就知道了。

"那这个也分消费型和返本型吗？还有百万医疗险也是一样的吗？"鼹鼠小姐问道。

"是的，你越来越专业了。重疾险也分消费型和返本型，建议首选消费型，主要考虑所交保费的时间价值，毕竟拿去理财赚取收益要比多年后只拿回本金强多了。但也有两种情况可以选择返本型，一种是给孩子买重疾险，因为整体费用不高所以不必过于纠结；还有一种是家庭资金充足，不在乎理财的收益等。而百万医疗险一般都是短期消费险，需要一年一保，而且保费较为合理，像你这个年龄段的，大概每年花费几百元橡树币，就可以买到保额为几十万元的医疗保险。当然还要多看条款，选择能保证续保的产品为佳，毕竟合同明确只能保一年。"梅花鹿教授解释道。

"太好了，我全清楚了，回去我就可以买了。几家保险公司都向我推荐过，但我一直没敢买。"鼹鼠小姐高兴地说道。

"其实，在网络上买保险也很方便，出险了打保险公司的客服电话就行，服务都是很不错的。哈哈！"梅花鹿教授笑着说道。

"那我可以给孩子买吗？"鼹鼠小姐想到了 Zebra。

"必须买，孩子年龄越小，保费越便宜。买保险可以呵护他的一生，这也是爱的传承。"梅花鹿教授说道。

"那我可以给父母买吗？"鼹鼠小姐又想到了父母。

"如果父母的年龄太大，就不建议购买重疾险了，因为并不划算，所以买保险必须尽早规划好。当然老年人是可以买防癌险的，这种保险有保短期一年的，也有保数十年和终身的，主要针对不能购买重疾险的老年人，费用也相对较低，关键是承保条件较为宽松，但只保合同约定的疾病。提醒一点，每个人的保费都是不同的，因为年龄和健康情况等导致的风险不同，所以需要通过查询保险费率表来确定具体保额。"梅花鹿教授说道。

"很多保险营销员对我讲，说我需要买一份身价险，他们的理由是汽车都有身价，为什么我不给自己买一份保障呢？但我也不知道该如何选择。"鼹鼠小姐又问道。

"身价险就是意外险嘛，道理我想你是明白的，但该不该保，需要看具体情况。其实我们面对的保险主要有两种，一种是刚才讲的疾病类保险，还有一种就是意外险。意外险的保费一般较低，而保额较高。但我们也不需要过度保障，那样交保费交得就不够经济，不是我们理财专业人士的最佳选择。"梅花鹿教授说道。

"是的，我也这么认为。但就是保额不好定呀。"鼹鼠小姐笑着说道。

"保额就是保障的额度，而这个额度就是你家庭的开支加上贷款的总和。所以，你要算一下日常开支需要多少，孩子抚养费需要多少，还要考虑赡养老人的费用，三者之和再加上房贷，就是你们应该保障的最低额度。具体给谁保，就看夫妻二人的收入占比了。"梅花鹿教授说道。

"那孩子和老人也需要吗？"鼹鼠小姐又问道。

"需要的，疾病和意外几乎是伴随一个人终身的，但孩子和老人的身价额度就没必要定那么高了，因为从理财的角度来看，他们不是家庭的经济支柱。买意外险时，我一般都建议选择相应的意外医疗附加险，以报销因意外而产生的医疗费用，因为它们不在重疾险和百万医疗险的保障范围内。"梅花鹿教授答道。

"买了这两种保险，一个家庭的保障应该就够了吧？我这次终于弄明白了。哈哈！"鼹鼠小姐觉得自己又掌握了一些保险知识，不禁满心欢喜。

"这是最基本的保障，要想使保障更全面，最好能再购买一些定期寿险或终身寿险。"梅花鹿教授却说道。

"这又是什么产品？"鼹鼠小姐觉得保险的知识好多啊，总是层出不穷。

"寿险保的是人的寿命，分定期与终身两种。定期寿险的保障期限是一个阶段，比如 10 年，就叫定期寿险。也可以将其理解为保身故，如果 10 年内发生不幸，家人就可以获得理赔金，人虽已走，但爱留存，理赔金可以作为孩子的教育金、配偶的生活费和老人的赡养费等；如果是不定期的，就叫终身寿险，因为人总有一死，而这份保险可以让一个人死得'有价值'。当然，如果既保生存，又保死亡，就叫生死两全保险，就是发生不幸可以得到一笔理赔金，或者没有发生不幸，到了一定年龄也会领到一笔钱。"梅花鹿教授继续讲道。

"那是不是生死两全保险好一些呢？"鼹鼠小姐问道。

"不是的。记住，保险公司不是慈善机构，每增加一项保障都需要付出相应的成本，要想买到最划算的保险，就要知道我们为什么买它们才行。"梅花鹿教授摇着头说道。

"我还是不太明白呀！"鼹鼠小姐不好意思地说道。

梅花鹿教授非常耐心，在纸上画了一幅图给鼹鼠小姐看：

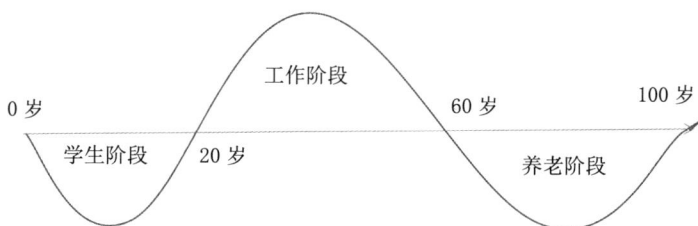

梅花鹿教授指出：一个人在0~20岁时，通常是没有收入的，主要依靠父母，所以在此阶段，父母就是孩子的"保险"；20~60岁时，步入工作阶段，即经济支柱时期，所以需要被重点保护，同时要积极理财；60岁以后，大概已经退休，收入减少，但消费并未减少——主要是医

疗费用和营养品方面的费用，所以需要在年轻时就进行理财及保险规划（20 岁与 60 岁为参考时间节点）。

梅花鹿教授还讲道："人一生中有两大风险是始终存在的，一个是意外风险，另一个就是重大疾病风险了。首先说意外风险，从理财角度来说，对于孩子和老人，其实保障因意外引发的身故赔偿意义并不大，因为他们一般不需要承担家庭的经济责任，主要考虑因意外引起的医疗费用，因为这会让家庭经济受到影响，所以需要增加保障；其次说重大疾病风险，它会伴随我们终身，而且一旦发生就会影响家庭的经济状况，所以必须尽可能全程保障，尤其当我们处于工作阶段时，作为家庭的主要经济来源，最好既要有医疗方面的保障，也要有意外身价方面的保障。另外，在工作阶段，无论是重大疾病险还是百万医疗险，对因病身故都是没有保障的，所以还可以买一份针对此阶段的定期寿险。"

梅花鹿教授还在纸上写了一个简单的保险计划。假设，一个人购买的定期寿险保额是 300 万元橡树币，而购买的意外险身故保额是 200 万元橡树币，那如果这个人不幸因病身故，他的家人会获得 300 万元橡树币。这是因为，意外险是不保因病身故的，而寿险保障是不分意外与疾病的，即两者均保。所以假设这个人因意外不幸身故，他的家人则会获得 500 万元橡树币，即寿险保额 300 万元橡树币加上意外险身故保额 200 万元橡树币。这样，即使他离开了，他的爱与责任也能保证家人不受二次伤害，即经济上的伤害。

"我想之所以选择保额为 300 万元橡树币的寿险保单，也是因为 300 万元橡树币能够覆盖个人收入与贷款总额吧？"鼹鼠小姐问道。

"是的，这是最基本的，最好还要包括孩子的教育费用和父母的赡养费等。总之要综合考虑，然后看保费水平自己能否承受。当然，对于那些还可以保障生存的生死两全保险来说，我就不建议选择了，一是保费可能增加，二是在如果你平安地在保险期满仍生存，它虽然也会返还你一笔合同约定的资金，俗称'祝寿金'。不过相比同期的其他理财，它的收益性并不高，你完全可以用投资基金的方式来计算。"梅花鹿教授答道。

"对，投资基金是可以做到的，而且效果更好。"鼹鼠小姐点点头，说道。

"其实，像投资类的分红险、万能险、投连险及年金险等，都可以用相应的基金替代。"梅花鹿教授又说道。

"好像很多人都在买年金险，还是在银行买的呢。"

鼹鼠小姐说道。

"是的，基金投资毕竟需要些投资技术，还得主动管理，所以有人就把钱交给保险公司来投资，收益虽然不比好的基金投资项目多，但总比银行的同期利息要高。还有一些像保额递增型的终身寿险和具有一定信托功能的保险金信托保险，也是热门的保险产品，将来还会有更多的保险产品，因为保险公司也要通过不断创新来满足客户日益增长的各类需求啊。"梅花鹿教授解释道。

"看来是各有所需呀！哈哈！"鼹鼠小姐笑着说道。

"是呀！其实保险的用处还有很多，通过保险，每一代都能尽可能地为下一代打好经济基础。这也是我个人的建议。"梅花鹿教授语重心长地说道。

"我完全认同！太感谢您了。"鼹鼠小姐说道。

鼹鼠小姐感觉收获满满，虽然还有些细节的知识需要学习，但大的方向她已明白了，她要为自己的家庭做一份保险规划。

最后，梅花鹿教授还提醒鼹鼠小姐要注意保单上的一些时间，分别是：7天犹豫期，可以无条件全额退保；交费期，每年对应的交费时间，也有趸交的；保障期，保单约定的保险期限；60天宽限期，即在交费日后60天内交

费，保单均有效；2年中止期，即过了60天后仍未交费，保障暂时中止，但2年内可以申请复效，即恢复保障，否则过期后，保障会终止。

鼹鼠小姐具备理财的各种思维，所以她很快就学会了保险的相关知识。她给全家都购买了重疾险和意外险，还给自己和企鹅先生购买了30年的定期寿险等，保障既充分，又没有过度。

鼹鼠小姐一直都保存着那天梅花鹿教授送给她的一张"最简保险计划表"。有了这张表，她对保险规划就心中有数了。

梅花鹿教授说："保险也有标配、中配和高配之分，普通人至少也该购买标配的保险。而且保险也不用一次性买全，是可以随着收入和家庭状况的变化来逐步配置的。保费高也不代表你的保险意识就强，关键是保障要足够，这样的保险计划性价比才高。另外，买保险也要建立'全险'的概念，即'社会保险＋商业人身保险＋商业财产保险'。其中，社会保险也叫社保，商业人身保险主要包括重疾险、百万医疗险和定期寿险等，商业财产保险则有车险、房屋财产险和责任险等。最后，买保险一定要让家人都知晓，保单要保管好，保险公司的客服电话也要记好，因为一旦出险，

是需要及时报案的，否则，保险公司是不会主动联系你的。"

对此，鼹鼠小姐还总结了几句话：风险无处不在，保险提供关爱，健康医疗意外，寿险爱心传代。

最简保险计划表

单位：橡树币

年龄	0~20 岁	21~30 岁	31~60 岁（重点保障期）	61~80 岁	81~100 岁
重大疾病保障	0 岁保到 60 岁，保额 50 万元				
		30 岁保终身，保额 50 万元			
百万医疗		大额医疗 200 万元起			
				防癌医疗 200 万元	
意外保障			保额 100 万元起	保额 50 万元	
身故保障			定期寿险保额 300 万元起		
社会保险	根据实际情况关注少儿医保	橡树国职工医保 / 居民医保			
		根据实际情况关注生育保险		根据实际情况关注社保养老金领取	
备注	以上是按工薪阶层设计的标配保险计划，仅供参考，具体应以本国的保险法和投保保单规定为准，注意口头承诺一律无效！ 　　您的保险设计师：橡树国经济学院　梅花鹿教授				

第十三章
偶遇信天翁

一年后的一天，鼹鼠小姐接到了一封来自海丽国兔子大姐的信，兔子大姐在信中邀请他们一家到海丽国旅游。

海丽国其实是一个很大的岛国，由三大群岛和72座岛屿组成，和橡树国隔海相望。那里的气候属于明显的热带海洋性气候，植被多为棕榈树和椰子树等热带林木，并盛产芒果、木瓜和波罗蜜等热带水果。

兔子大姐的家在海丽国最大的群岛"天堂群岛"的中心岛，这里也是海丽国最大的城市。

在经过了好几个小时的飞行后，他们乘坐的飞机平稳地降落在了海丽国中心国际机场的停机坪上。

鼹鼠小姐一走出机舱，就感觉一股夹杂着海洋气息的微风拂过脸颊，这里的天空特别蓝，阳光明媚却不刺眼，所有的植物都绿油油的，就像刚被清水洗过一样，和橡树国的景色完全不同。

"你们好！欢迎来到海丽国！"说话的正是兔子大姐，只见她满面春风，穿着一条嫩绿色的裙子，荷叶般的裙摆在微风中不停地飘动。

"兔子大姐，见到你太高兴了！"鼹鼠小姐跑过去和
兔子大姐拥抱在一起。

一连几天，兔子大姐带着企鹅鼹鼠夫妇游览了这里的
许多景点，有奇妙的火山公园、海底世界和萤火虫洞等，
并在全市最高的旋转餐厅就餐。

在就餐时，鼹鼠小姐表达了谢意，而兔子大姐却说
她应该感谢鼹鼠小姐。因为自从鼹鼠小姐将那颗橡果送给
自己后，自己的生活就一路向好。但她还说自己明天有
事不能陪他们游览旗舰岛，请了导游穿山甲先生来负责
安排他们的行程，而在金融学院讲课的丈夫灰兔先生会
请他们共进午餐。

次日一早，穿山甲先生就来接企鹅鼹鼠夫妇了。穿山
甲先生工作很负责，他向鼹鼠小姐和企鹅先生介绍道：
"旗舰岛是天堂群岛的第一大岛，也是海丽国首都所在
地。这里的著名景点有国王山雕像和水下城市，水下城市
里有水下餐厅、水下宾馆和水下图书馆等。"

企鹅先生突然说道："水下图书馆，是怕发生火灾
吗？哈哈！"大家都被逗乐了。

在坐了两个小时的轮船后，他们登上了旗舰岛。穿山
甲先生很快就找到了去国王山的旅游巴士，又过了一个小

时，他们终于到了国王山下。

鼹鼠小姐发现这里的环境和气候，好像又和中心岛不一样，有点像橡树国。企鹅先生也有似曾熟悉的感觉，这里不像中心岛多雨，到处都是灿烂的阳光。

国王山的树木也被修剪得很整齐，显得庄严而肃穆，白色的大理石石阶一直通到山顶，不愿走路的游客也可以乘坐缆车登顶。鼹鼠小姐这几天体力消耗有点大，所以他们选择乘坐缆车。在到达山顶后，鼹鼠小姐发现巨大的白色大理石雕像几乎覆盖了整个山顶。

穿山甲先生说道："这就是国王山的雕像了，这也是我们海丽国国王的雕像。"

鼹鼠小姐惊讶地张大了嘴巴，企鹅先生也惊呼道："啊！章鱼国王，海丽国的国王是大章鱼先生啊！"

穿山甲先生笑着说道："大章鱼的确是我们海丽国的国王，不过她是位章鱼女皇，她很有智慧，也很善良，是她让海丽国壮大起来并走向辉煌的。"

鼹鼠小姐和企鹅先生都点点头，他们心想：怪不得有水下城市，章鱼女皇肯定就在那里办公呢。

穿山甲先生继续说道："待会儿我们要到雕像的顶部照相，你们可以留下美好的记忆。"

　　雕像的顶部有一个观景台，它位于女皇的皇冠所在的位置。在拍了几张照片之后，鼹鼠小姐想到皇冠的边上再照一张。就在穿山甲先生刚举起相机的时候，鼹鼠小姐却一个趔趄，掉到了皇冠的外面，顺着章鱼女皇长长的腕足，滑到了腕足的底端，鼹鼠小姐吓得大叫了起来。企鹅先生也愣住了，他奋不顾身地向腕足底端爬去，但他太胖了，好几次都差点掉下山去，山下可是大海。终于，企鹅先生爬到了鼹鼠小姐的身边，他拉住了鼹鼠小姐的手，奋力向上爬。但海上的湿气实在太重了，他们爬上去，就又滑了下来。在试了几次无果后，企鹅先生心想：不行的话，就抱着鼹鼠小姐跳海吧，自己保持姿势先入水，这样就可以保护好鼹鼠小姐了。

　　他示意鼹鼠小姐要跳海，可鼹鼠小姐恐高，她害怕得都哭了，不停地摇头，而企鹅先生也快支撑不住了。就在进退两难之际，他们突然听到一个高亢的男高音："千万不要乱动，我来帮你们！"

　　鼹鼠小姐一看，是一只超大的海鸟。鼹鼠小姐顺着海鸟的翅膀爬到了他的背上，海鸟带她重新回到了观景台上。

　　企鹅先生也准备顺着原路返回，他抓住了穿山甲先生

扔下来的一条绳索，这是从后面赶来的地面救援队那里拿到的。大家费了很大的劲儿，才把企鹅先生拉了上来。

企鹅先生也被吓到了，不过他还打趣道："看来我的确需要减肥了啊！"众人都被他给逗笑了。

鼹鼠小姐也抱着企鹅先生说道："太危险了，幸亏有惊无险！多谢大家了！尤其是刚才救我们的那位大哥，不知您怎么称呼？"

穿山甲先生忙插话道："这位就是国王山空中救援队的队长信天翁先生，他还是位投资高手呢！"

此时，信天翁先生也很有礼貌地说道："下次一定要注意安全，幸好我巡查经过，否则就危险了。"

鼹鼠小姐和企鹅先生都对信天翁先生表达了谢意，还说要请他吃饭。信天翁先生谢绝了好几次，但耐不住他们的热情邀请，再加上穿山甲先生的极力帮腔，就答应了。

信天翁先生向他们介绍道："旗舰岛不光有美丽的风景，还是海丽国国王办公的地方，当然那里是不允许参观的，除非获得特别的许可。"

企鹅先生说道："听说这里的水下城市很有特点！"

信天翁先生说道："没错。其实这里不光有水下餐厅和水下图书馆，还有水下办公场所和水下的大型服务器。"

企鹅先生说道："这里也有？我的家乡南极国的深海里也有的，都是为了利用天然的散热系统。"

信天翁先生说道："是的。这里的服务器主要是为上面的金融交易服务的，海丽国的金融业可是世界上首屈一指的啊！"

穿山甲先生说道："早听说您也是位投资高手了，一直无缘相见，没想到今天还能有机会共进午餐，真是三生有幸啊！"信天翁先生是海丽国有名的投资高手，他的传奇事迹被这里的居民传得神乎其神。

信天翁先生说道："我可不是什么投资高手，我就是喜欢研究投资，其实投资也很简单，但做起来却不容易。"

鼹鼠小姐不解地问道："为什么会这样呢？"

信天翁先生答道："因为成功的投资往往是'反人性'的啊。"

鼹鼠小姐点点头，本想再问下去，见信天翁先生已闭口不谈，就没好意思再问。

由于上午的突发事件，他们便没有再到其他地方游玩。休息了一段时间后，他们就向水下餐厅走去。

穿山甲先生对这里的路相当熟悉，很快就带着他们来到了餐厅。这个餐厅建在靠近海边的水里，从岸边向下的电梯和过道，及整个餐厅，几乎都是透明的，有两层高强度钢化玻璃保护着。

鼹鼠小姐一边走一边观看这里的景色，各种鱼类就在他们的四周游动，鱼群有时也会突然游向他们，看着这些陌生的"海底来客"，但一闪就不见了。一只巨大的海龟在餐厅的上方游动着，鼹鼠小姐看到它好像在对自己微笑，就高兴地向它挥了挥手。

当他们正准备点餐的时候，兔子大姐的丈夫灰兔先生也从金融学院赶来了。穿山甲先生一眼就认出了他，便马上起身向灰兔先生挥手示意，待灰兔先生落座后，接着向灰兔先生讲了他们上午的遭遇，并介绍了信天翁先生。

灰兔先生说道："信天翁先生就是那位传说中的投资高手吧！想不到你原来是救援队的教授人员啊！还有你们出来旅游也太不小心了，以后可要注意啊！"

鼹鼠小姐忙说道："都是我不好！我当时没注意到那里很滑，幸亏信天翁先生救了我，才化险为夷、有惊无险，还得多谢信天翁先生呢！"

信天翁先生忙说道："这本来就是我的工作，是我应该做的啊！"

灰兔先生也没搭话，直接拿起菜谱点起菜来。

吃饭期间的几句对话，让企鹅先生觉得很不爽。企鹅先生心想："这灰兔先生也太傲慢了，好像把我们当成'乡巴佬'了，对所有的人都满不在乎，和兔子大姐真不一样。"

鼹鼠小姐也看出了企鹅先生的心思，她督促企鹅先生快点吃饭，心想："毕竟他是兔子大姐的丈夫，多少得给人家一些面子的。"

午餐很快就结束了，其间大家的话都很少。

鼹鼠小姐督促企鹅先生去结账，她想请客以感谢信天翁先生的救命之恩，但被灰兔先生给拦下了，他是这里的VIP，而且服务人员好像也很听他的话。

在和灰兔先生简单道别后，信天翁先生建议他们可以到隔壁的水下图书馆去休息会儿，那里不光可以看书，还有免费的咖啡供应。

他们一行人来到了水下图书馆，这里人很多，他们找了一个角落坐下休息，穿山甲先生还为大家端来了几杯咖啡。

信天翁先生说道："那位兔子先生是你们的朋友吗？他好像不太友好啊！"

鼹鼠小姐说道："准确地说，他是我们朋友的丈夫，他经营着很大的投资公司，在金融学院授课，据说他的老师是你们这里很有名的鹰先生。"

"哦……这就难怪了！鹰先生的学生都一个样，牛得很！"信天翁先生若有所思地说道。

"鹰先生有这么牛吗？"企鹅先生问道。

"鹰先生的确很牛，他组建了世界上最大的私募对冲基金，狙击各国的金融市场，手段非常高明，也很有效，这几年把海丽国的金融业发展得很好。"信天翁先生说道。

"那很像我们橡树国的猪博士，猪博士也很牛的！"企鹅先生说道。

"是的，猪博士也很了不起！但他们可是完全不同的两类人啊！"信天翁先生说道。

"有什么不同呢？"鼹鼠小姐也问道。

"猪博士玩的是正和游戏，而鹰先生玩的是零和游戏，有时甚至是负和游戏。"信天翁先生说道。

"您快给我们讲讲，什么是正和、零和及负和游戏吧！"穿山甲先生说道。

"好吧，先说零和游戏。"信天翁先生说着，让大家把手中的咖啡杯都放在桌子上，然后继续说道，"假设这咖啡就是钱，如果我喝的咖啡是你们大家的，就是说我赚的钱是你们大家的，而咖啡即钱的总量固定的话，那这种游戏就叫零和游戏，这种投资也叫零和投资。明白了吗？"

穿山甲先生和企鹅先生都在挠头，还没有弄明白喝咖啡怎么成零和游戏了。

鼹鼠小姐说道："我好像明白了，就是说总量固定，赚钱的人所赚的钱就是其他人亏的钱。"

信天翁先生笑着说："很对！猪博士是用共赢的方式赚钱，而鹰先生是用竞争的方式赚钱，所以我说他们是完全不同的两类人。"

大家好像也明白一些了。但穿山甲先生仍问道："那什么是正和游戏和负和游戏呢？"

企鹅先生对他说："我刚想明白了，图书馆给我们供应了很多咖啡，有人喝了，就会去那边再续，而不会喝别人的咖啡，这应该就是正和游戏了吧！"

信天翁先生说道："完全正确，如果每次大家倒好咖啡后，我都要喝你们一杯的，那我玩的就是负和游戏了。"

企鹅先生不解地说道："这有什么区别吗？不就是一杯咖啡吗？"

信天翁先生笑着说："可没那么简单，思维决定行动。要知道，在金融领域里碰到鹰先生的话，他的玩法会让你倾家荡产的！"

企鹅先生吓了一跳，说道："这么厉害吗？"

穿山甲先生说道："的确如此，我的很多亲人和朋友都输得很惨，所以我才想向信天翁先生您学习呢！必须打败他才行！"他说话的时候，还攥紧了拳头。

"你打不败他的！"信天翁淡淡地说道。

"为什么？"穿山甲先生不解地问道。

"你知道鹰先生的身份吗？他不光是金融学院的院长，也是海丽国国家首席财政顾问，他手中掌握着众多金融机构和媒体，还有很多小的投资公司，就像灰兔先生开的那种公司，你自己怎么能打败他呢？"信天翁先生无奈地说道。

"那我该怎么办呢？"穿山甲先生忙问道。

"打败是不可能的，因为他掌握着游戏的规则，唯一的方法其实是'加入'他。"信天翁先生说道。

"他让我们输得那么惨，怎么能去加入他呢？不可能的！"穿山甲先生的眼中充满了压抑许久的怒火。鼹鼠小姐看着他，突然想起了公园里的火山，好像随时都准备着喷发，以展示它的力量。

"不要着急嘛！哈哈！投资需要的是平和的心态，这样可是不行的。"信天翁耐心地说道。

"那还是不要投资了，反正我也不想与他同流合污。"穿山甲先生沮丧地说道。

"所以说你赢不了！还没打仗就认输了。"信天翁先生说道。

"那您说怎么办？！"穿山甲先生无奈地说道。

"我说的'加入他'，其实是要利用他的这种思维来赚钱。要知道，我们的国家和橡树国不同，橡树国的猪博士推崇投资的理念，目的是让大家实现共赢，只要有足够长的时间，财富就能积累。而我们海丽国的鹰先生推崇投机的理念，虽然他对你说你是在投资，但其目的是使自己获利，所以时间太长反而会让你无利可图，甚至被掠走财富。"信天翁先生果然是高手，他一针见血地指出了海丽国投资市场的根本问题。

"您的意思是让我们快进快出，但猪博士说时间才是财富，这是怎么一回事啊？"鼹鼠小姐也有点疑惑了。

"猪博士的话是没错，但要看你进入的市场是哪种市场。如果在海丽国，那样做其实赚不了钱，还可能会亏钱，除非你买入海丽国的基金。"信天翁说道。

"哦，我明白了！投资要根据市场而变，也就是说要灵活是吧？不能生搬硬套，那样就太刻板了！"鼹鼠小姐说道。

"你说得很对。就像飞行，我可以在空中毫不费力地飞行许久而不用动一下翅膀，那是因为我掌握了气流的方向和特点。无论是自然风，还是那些游轮快速前进后产生的气流，我都可以灵活把握。"信天翁先生说得没错，看起来低调的信天翁，可是世界上最大和寿命最长的海鸟。

企鹅先生说道："我不会飞，不能理解飞行的原理，但总感觉飞行也是有风险的，如风太大就不利于飞行，而游泳不同，我可以潜入海里，免受风浪的干扰。"

信天翁先生笑着说："游泳我是外行，更不敢去潜水，但我喜欢风浪，尤其是狂风巨浪，那真是'好风凭借力，送我上青云'啊！哈哈！"

穿山甲先生低声说道："怪不得人们都说，哪里出现信天翁，哪里就要变天呢！"

信天翁先生说道："是的，但不是每个人都能驾驭这种情况的，所以我让你们买入基金。要知道在投资上，买入基金就是我刚才说的'加入他'啊！"

鼹鼠小姐说道："猪博士也让我们买入基金，和您讲得一样。"

信天翁先生说道："其实也不一样。猪博士是国家财富基金的掌舵人，手中掌握的是巨额的资金，而巨额资金的使用要以安全为主。"他喝了口咖啡，继续说道，"而且巨额资金的进出会对市场产生影响，所以它们不能很随意地进行交易，要靠时间来换空间，就是价格上涨的空间。"

鼹鼠小姐说道："所以，猪博士老讲要长期持有，原来是这个原因。"

信天翁先生说道："没错。但我们个人投资者由于资金有限，一般都是小额资金投资者，而小额资金就是要快进快出、灵活把握。"

穿山甲先生说道："我就是这么做的，只是每次都赢不了！唉……"

信天翁先生对鼹鼠小姐说道："你刚才在我背上的时候有什么感觉？"

鼹鼠小姐说道："感觉非常害怕，我都是闭着眼睛的，根本就不敢睁眼呢！"

信天翁先生笑着说："如果让你独自飞行呢？你

敢吗？"

鼹鼠小姐也笑着说道："估计我会昏过去的，真的！我根本就受不了那种刺激！"

信天翁先生说："这就是个人投资，投资本领不过硬的人都不敢睁眼看市场，看见就会被吓到，然后就很可能会亏钱。你说对吗？穿山甲先生！"

穿山甲先生忙说："对啊！每次下跌都好像没有底，好像天都要塌下来了。但你一卖出，它又总能涨起来，好像一切都没发生过一样。"

信天翁先生说道："本来就没有发生什么，都是鹰先生利用市场搞的鬼。他利用市场的短期下跌让你恐慌，买走你低价抛售的筹码。等买够了，他又会利用手中资金的优势拉升股价，引诱你买入，一旦你高价买入，他就会把当时从你手中低价买来的筹码再高价卖给你，这样他就把你的钱全赚走了。你拿到筹码后，鹰先生还会用各种手段让你的筹码贬值，然后再把刚才的流程重复一次。"

穿山甲先生说道："怪不得我每次都赢不了，难道其他投资者也看不懂吗？"

信天翁先生说道："不是看不懂，而是经受不住诱惑。从某种意义上讲，鹰先生做得也没错，他只是利用了人们的心理弱点罢了。"

鼹鼠小姐说道："不过，鹰先生的手法也太恶劣了，难道你们的国王就不管吗？"

信天翁先生说道："海丽国只是一个岛国，除了渔业和旅游业，也没有其他资源。现阶段来看，鹰先生的金融战略是和海丽国的国家战略相一致的，但将来就不好说了，聪明的章鱼女皇可不是一般人能比的啊！"

穿山甲先生说道："是的，我很佩服女皇的智慧，她使一个不被世人关注的小国家，发展成了和橡树国同样强大的国家，真的是不可思议呢！"

大家心里都知道，以往，在周边的几个国家里，就属橡树国经济发展得最好，而且从面积和人口来看，橡树国也是远远超过海丽国的。而目前，这里形成了橡树国、海丽国和星罗国三足鼎立的局面，其他小国家还不成气候。

信天翁先生说道："鼹鼠小姐，虽然你不敢飞行，但你刚才还是成功地飞回了山顶，你想过其中的道理吗？"

鼹鼠小姐想了想，说道："我虽然不会飞，但我借助了您的力量，所以才能'飞回'山顶。也就是说，我们这些个人投资者可以通过购买基金，让像您这样的专家来代我们投资。即使遇到大的风浪，您也比我们更有经验和能力，更能将风险或损失降到最小。"

信天翁先生说道："你真的很聪明，怪不得企鹅先生说你是橡树国的理财冠军、猪博士的得意门生啊！哈哈！"

鼹鼠小姐也笑了，说道："那些都是过去的事情了，我也只是个很普通的人。但我还想知道，您说的猪博士和鹰先生让我们买基金的不同之处呢。"

企鹅先生也说道："对啊！说了半天，我都不明白究竟有什么不同，你快说说吧！"

信天翁先生笑着说："看来你们是想打破砂锅问到底了！"

穿山甲先生说道："您就快说吧！也让您的投资思维漂洋过海传到橡树国，说不定猪博士听了，都得夸您呢！"

信天翁先生本想婉拒，但看到大家都这么诚恳地请教他，也感觉有点盛情难却了。

信天翁先生喝了口咖啡，说道："好吧，只要你们不嫌我啰唆！"

大家都表示想继续听下去，还小声地给信天翁先生鼓起掌来。

信天翁先生说道："其实，就投资基金来说，不管是长期投资还是短期投资，都是相对的，都应该按照所投项目的特点来划分基金。"

接下来，信天翁先生就把各类基金的投资要点向大家详细介绍了一遍。

他指出，长期投资的基金有债券基金和指数基金，因为债券，尤其是国家债券和国有企业的债券的信用度是非常高的，而指数基金从长期来看最终也是上涨的。

穿山甲先生问道："那究竟该买哪一种呢？"

信天翁先生答道："债券基金可以长期持有，在股市行情好的时候也可以部分卖出债券基金，逐步加仓指数基金以获取更高利润，股市行情不好时再买回债券基金即可。"

穿山甲先生又说道："追买不怕追高吗？我被套了好几次，都是因为看见股票涨就买，然后就被套了。"

信天翁先生说道："你那是买股票，买基金不怕追高，何况这是买指数基金，被套也是暂时的，长期来看还是会上涨。"

穿山甲先生说道："明白了，以后想买股票，就去买持有该股票的基金，对吧？"

信天翁先生说道："完全正确，这样你亏损的概率就会极大地降低。"

鼹鼠小姐说道："您说了，债券基金和指数基金可以长期持有，那短期持有的基金就剩股票基金了吧？"

信天翁先生说道："的确如此。"

鼹鼠小姐问道："那持有期应该多短呢？"

信天翁先生说道："长短其实不是我们能决定的，要看国家和市场。"

信天翁先生指出，股票的背后其实是公司，公司的存在就是为了满足需求，而有的需求来自国家意愿，也有的需求来自市场需要。国家意愿就是国家想发展某些行业和领域的意愿，市场需要则是人们为满足生活所需的各类需求。

穿山甲先生有点不明白了，他说道："那到底该长期持有债券基金和指数基金，还是短期持有股票基金呢？"

旁边的鼹鼠小姐回答了他的这个问题："你要分成几部分来购买，比如用一半的资金买长期基金，用一半的资金买股票基金。长期基金里的债券基金和指数基金你已经知道该怎么配置了，而购买短期的股票基金时也要看股票是否有上涨的趋势，如果没有，还是全部买长期基金吧。"

穿山甲先生若有所思地点了点头。

信天翁先生说道："这个比例要视你的投资能力和心

理承受能力而定，你可以好好想想再决定。"

鼹鼠小姐说道："信天翁先生，我最想知道的是您如何准确判断这些短期基金的买入时机和卖出时机，这个是不容易做到的啊！"

"是的。你们看这个，我喜欢用炒股的方式来炒基金。等会儿我再告诉你们两个我常用的选股方法，一个是生活化选股法，另一个是联想化选股法。"信天翁先生边说边在纸上画了一幅图。

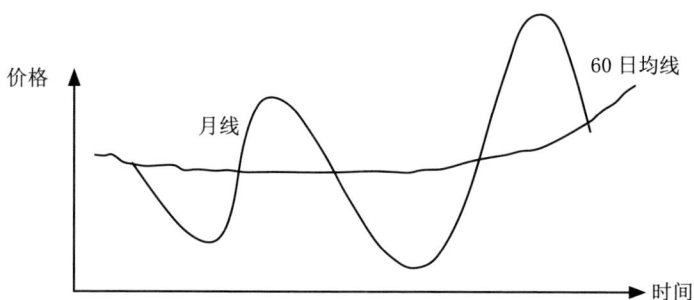

"有谁可以看懂吗？"信天翁先生问道。

穿山甲先生抢先说道："我可以，这是海丽国的股市月线图，就是将每月月末收盘价连接起来形成的曲线图，而中间那条波动不大的曲线，便是60日均线，就是将某支股票在市场上往前60天的平均收盘价格连接起来形成的一条线。"

"说得非常对，你也很专业啊！但你们发现什么规律没有呢？"信天翁先生又问道。

"好像价格在围绕 60 日均线波动呢。"鼹鼠小姐说道。

"我也研究过，但我仍然亏损，因为永远不知道哪里是底，哪里是顶啊！"穿山甲先生很无奈。

"那是你既没有理解正确，也没有操作正确啊。我再问你们一个问题，如果市场上有 3 种价格，分别是成本价格、供需价格和情绪价格，你们愿意为哪种价格买单呢？"信天翁先生再次问道。

"我愿意为成本价格买单，因为它最接近价值，但目前很难做到。现在市场上都是市场价格，又怎么分辨供需价格和情绪价格呢？"鼹鼠小姐也很困惑。

"问得太好了，能不能区分这两种价格，就要靠投资的智慧啊。选择为成本价格买单的，大多是价值投资者；选择为供需价格买单的，大多为成长投资者；而选择为情绪价格买单的，就绝对是失败投资者了。"信天翁先生郑重地说。

"可我怎么看到，我买的股票每天收盘时就只有一个价格啊！"穿山甲先生说道。

"所以说你理解有误嘛。假设，这里的收盘价其实多是情绪价格，而对应的 60 日均线的价格多是供需价格，因为情绪的表现是短期的，会随着时间的推移而日益平静，那剩下的就大多是供需价格了。但因为它们混在一起，所以大多数人都会被蒙蔽，难以判断。"信天翁先生解释道。

"我明白了，尽量在 60 均线处或以下买，是不是就可以避免情绪价格的影响了呢？"鼹鼠小姐问道。

"同样无法成功，因为股价可能一直下跌。正确的做法是，利用情绪价格来买卖。"信天翁先生说道。

穿山甲先生忙问道："那该如何判断呢？"

信天翁先生说："方法很简单，我们需要利用能体现供需价格的 60 日均线来判断。60 日均线上方的价格线代表的是乐观的程度，而 60 日均线下方的价格线代表的是悲观的程度，如股价下跌得厉害，说明大多数人为悲观情绪买单，所以我会选择买入；而如果股价上涨得厉害，说明大多数人为乐观情绪买单，所以我会选择卖出。运用这个方法需要一些经验，但你们可以用来买对应的基金，效果会很不错。"

鼹鼠小姐好像有点明白信天翁先生的意思了，她觉得自己可以在 60 日均线下方分批买入股票基金，而在 60 日均线上方分批卖出；同时也可以用这个方法来定投指数基金，提高投资的收益性。

穿山甲先生还有点没有听懂，他说：“我还得好好消化一下！您之前说的生活化选股法是什么意思呢？”

信天翁先生笑着说道：“比如，你要过上美好的生活需要哪些产品呢？那些畅销产品背后公司的股票就是你要选的股票。”

穿山甲先生想了想，说道：“要过上美好的生活，需要食物、衣服、房子、汽车、电器……对了，我还想给孩子们买些他们喜欢的玩具呢。”

信天翁先生说道：“回家把这些你需要买的产品都写下来，然后在后面写下对应的生产这些产品的公司，再到网上看看它们是不是大家心目中排名前三的公司，当然最好是第一名的。”

穿山甲先生笑着说道：“明白了，那我就可以去买与之对应的股票了吧？”

信天翁先生摇摇头，说道：“你又错啦，是对应的基金！直接投资股票是像我这样的飞行专家的特长，因为我会判断哪艘船会成为佼佼者。但你也不用焦虑，要知道，

231

只要跟准节奏，就能跑赢大市。"

穿山甲先生红着脸说道："又忘了，我真是太笨了啊！嘿嘿！"

鼹鼠小姐也觉得很有意思，说道："那一定要选择现在最好的公司，也就是第一名吧？"

信天翁先生说道："其实也不一定，与其说选择当下的第一名，不如选择未来的第一名，也就是最好选择未来最好的公司！比如，过去没有电视，但我发现了报纸上的一些信息，我预感到电视将改变人们的生活，所以我就加大了对这些电视公司的投资。伴随着这些公司发展得越来越好，它们的股价其实也在逐渐上涨。我会卖出一些，等待股价回调时再买入，而最早买入的那些股票，也由短期持有变成了长期持有。不过一旦我发现新闻里有关于电视的新的替代品出现，或者这些公司的产品销售出现了问题，那就得迅速考虑卖出了。"

鼹鼠小姐听得很认真，她在大脑里飞快地思考信天翁先生说的话。她说道："也就是说，长期和短期并不重要，您是跟着市场走，或者说跟着市场需求的变化走。"

信天翁先生笑着说："完全没错。那些满足了市场需求的公司赚了市场的钱，我就在股市里分一些它们的红利，尽管我没有创业，但也支持了公司的发展。"

穿山甲先生说道："那您不怕鹰先生那样的狙击手吗？他们不会让您如此轻松如愿吧！"

信天翁先生说道："的确，但你忘了我可是飞行专家，我太会利用他们打造的市场趋势来赚钱了。比如，我喜欢跟着轮船滑翔，就是因为它们产生了巨大的向上的气流，我的体重又有向下的重力。所以，只要找一个由气流造成的滑道，我就可以一直飞行了。"

企鹅先生说道："我想您说的那艘轮船就是鹰先生的对冲基金吧！您利用了它们的气流！我在水里游泳的时候，也能感觉到轮船产生的那种巨大的推力。"

鼹鼠小姐说道："而我们买入基金，就相当于'与鹰共舞'了啊！哈哈！"

大家也都笑了，穿山甲先生又忙着去端了几杯咖啡过来。

鼹鼠小姐又问道："那您说的'国家意愿'又是什么意思啊？"

信天翁先生说道："就是从国家的角度来思考，比如海丽国要发展旅游业，橡树国要发展渔业，而星罗国要发展采矿业，你说，该怎么选股呢？"

鼹鼠小姐说道："那就投资这些行业里最好的公司即可。"

信天翁先生又说道："话虽如此，但你这样做可能会赔钱。"

鼹鼠小姐不解地问道："为什么呀？"

信天翁先生答道："比如，你现在买海丽国最好的旅游公司的股票，它已经涨了很多年了，你的资金很可能被套。"

鼹鼠小姐说道："我明白了，要买未来国家要发展的行业的股票才行呢！"

信天翁先生说道："非常对，最差也要选择当下要发展的行业，而且你们要买入的不是股票，而是对应的基金。我再提醒你们最后一次！"他喝了口穿山甲先生端来的咖啡，继续说道，"这就叫联想化选股法。你们要根据当下自己国家的发展情况，分析哪些行业会在近期或未来一段时间内发展，然后选择那些行业的基金就行了。"

穿山甲先生问道："那该如何具体地联想呢？"

信天翁先生说道："从今天开始，你们就要养成一种习惯性的思维，即遇到任何事情或新闻你们都要将其与股市（基金市场）进行联想。记住，遇到任何事都要联想，这很可能帮你找到马上要发展的那些行业。"

企鹅先生说道："您能举个例子吗？"

信天翁先生说道："比如海丽国要推动金融行业的发展，那你们就应该选择买入海丽国的金融业基金；橡树国要推动本国的科技化发展，那你们就应该买入橡树国的科技类基金；而星罗国正在发生瘟疫，不光粮食短缺，还准备对其附近的小国开战，那你们就要买入他们的医疗基金、农业消费基金和军工基金。这样解释，你们明白了吧！"

企鹅先生说道："我发现最近一家汽车公司正在研制一种新型电动跑车，那我是不是也该去买一些对应的基金呢？就是那家红牛汽车公司。"他说话的时候，还把头转向了鼹鼠小姐。

鼹鼠小姐也点点头，觉得信天翁先生讲得很有道理，自己回去要好好地消化一下，而且要将重点记在自己的理财日记本上。

信天翁先生说道："信息里藏着的就是机会。如果你比别人更早注意到一家值得投资的公司，刚好此时这家公司的股价还很低，没有被人们注意到，那你赚钱的机会可就来了，等人们都要买这家公司的股票时，恰恰就是你卖出对应基金的时候了。"他呷了口咖啡，继续说道，"最后，要提醒你们的一点是，不要过多地陷在基金的细节里，那就有点本末倒置了。要知道，选基金不如选市场，就像我们要去某地，我们要选对车型和驾驶员，前者就是基金，而后者就是基金经理，他们都是为我们服务的，虽然流行着明星基金经理的说法，但还是要注意我们的目的不是评选优秀驾驶员，而是去往某地。如果你还有些迷茫，也可以在不投入过多资金的前提下多买几只基金，在实战中进行比较。"

"好的，看来回去我们要好好研究一下基金的投资方案了，太感谢您的专业讲解了！"鼹鼠小姐很真诚地说道。大家也都点点头，面带微笑地看着信天翁先生。

信天翁先生也看着大家，他说："投资总是有风险的，大致包括信用风险、市场风险和操作风险3种。选择好的基金并多选几只来对比，就是目前应对风险的最佳方案。另外，这只是我个人的经验之谈，投资理财一定要自己亲自摸索和实践才行，不能仅听别人的看法，包括我的建议在内。因为任何投资都是有风险的，大家可以从小额开始练习投资，逐步积累了经验之后，再加大投资额度，但一定要谨慎小心，投资的风险可是无处不在的。"

　　整整一个下午，他们都在那家水下图书馆里热烈地交谈，大家都成了好朋友。最后，鼹鼠小姐还认信天翁先生做了大哥，以感谢他对自己的救命之恩。她邀请信天翁先生到橡树国做客，并说要介绍猪博士给他认识。

　　信天翁先生高兴地说："没想到，今天不仅认了橡树国的理财冠军当妹妹，还结识了你们大家，真的是很有纪念意义的一天啊！"

　　他们和信天翁先生依依不舍地告别后，就乘坐最后一班旅游巴士赶往码头，搭上了最后一艘渡轮。

　　第二天，兔子大姐来送鼹鼠小姐他们回橡树国了。她听到昨天发生的事情后，还为鼹鼠小姐感到很后怕。

　　鼹鼠小姐则很高兴，因为这几天，她不光经历了一次奇妙的旅行，还偶然地遇到了信天翁大哥，收获实在是太大了。

第十四章

海獭教授的房产课

回到橡树国后，企鹅先生便开始尝试创业。他边工作边制定了几套创业方案，还进行了尝试，但因为不专业，最后全失败了。后来，他想起了当年和猪博士的那场谈话。他决定选择自己最熟悉的渔业进行创业，并从最小的规模开始做起。

虽然创业初期并不是一帆风顺，且经常出现资金紧张的问题，但由于企鹅先生对事业的热爱和执着，他最终还是想办法渡过了难关并获得了成功。

企鹅先生只留下极少但够用的企业基本经营费和个人生活费，把余下的钱都交给鼹鼠小姐管理，因为鼹鼠小姐的理财能力在他眼中是最棒的，她已经成为名副其实的"家庭首席财务官"了。

资金的增加让鼹鼠小姐感觉到，自己或许可以购置一套新房子了。

于是，鼹鼠小姐开着自己新买的黑色越野车直奔经济学院——她打算请教猪博士。

猪博士也有很久没见到鼹鼠小姐了，他见鼹鼠小姐越来越成熟、优雅，且具有一种独特的气质，让人感觉她的内心很有力量。

猪博士心想：财富和成功真是一个人很好的养分啊！就像雨水与肥料是花朵很好的养分一样，财富和成功可以让一个普通人也散发出耀眼夺目的光辉。

鼹鼠小姐见猪博士正惊讶地看着自己，于是就笑着说道："老师，您不认识我啦！哈哈！"的确，过去的鼹鼠小姐经常穿牛仔装，在家里还喜欢围一条白色的围裙，围裙上面还有一个红色的小口袋。

猪博士也笑着说："好孩子！这才是大家心目中的你啊！哈哈！"

鼹鼠小姐说道："老师，是这样的。企鹅先生在月牙河开了个小渔场，生意还不错，我还是在家里照顾孩子和打理财务。我想向您请教关于房地产的问题，想把理财账户里的资金进行分类管理。"

猪博士点点头，说道："你们现在的住房情况是怎样的呢？"

鼹鼠小姐说道："自从修好路后，橡山湾的房价也涨了不少，现在很多人都去那里购房置业。因为此前的房贷已基本还清，我想再买一套房，有机会把父母接来住，但我不知道该在哪里购买，也不知是贷款买好，还是全款买好……"

鼹鼠小姐一口气说了一大堆问题，猪博士听得都有点蒙了，他笑着打断鼹鼠小姐："不要急，你这不是一个问题，而是一堆问题啊！不过买房是一件大事，要从长计议，为了能全面学习相关知识，我建议你去上海獭教授的房产课，怎么样？"

"海獭教授的房产课？那太好了！什么时候开课呢？"鼹鼠小姐急忙问道。

"明天上午正好就有海獭教授的课，你可以去全面学习一下。上完课后，如果你还有问题，到时我再来为你解答。"猪博士说道。

第二天，当鼹鼠小姐进入教室的时候，海獭教授已经到了。

只见海獭教授正大口喝着水，他清了一下嗓子，讲道："购置房产时需考虑的关键因素在于房子的使用价值，而房子的使用价值又是什么呢？"

学生们回答道："居住。"

海獭教授微笑着点点头，说道："很对，那些没有使用价值的房子，价格再高也如空中楼阁一般，一旦出现大的风波，最先'倒塌'的就是它们。"

一个学生突然说道："真的会倒吗？现在的房子质量那么差吗？"

海獭教授解释道："我说的是价格，不是房子本身，我们讨论的是房子的使用价值问题，不是讨论建筑问题。明白吗？"

那个学生点点头，说道："明白了，教授。"

海獭教授继续讲道："谁能说说居住为什么对房价有支撑作用吗？"

"我知道，居住就是房子的使用价值，而这种价值好像是可以决定价格的。"一个学生答道。

"说得很对，价格是围绕价值上下波动的，但关键是价值要上涨，价格最终才会真正上涨。"海獭教授又喝了一大口水，说道，"你们认为有哪些居住因素会对房价有直接的影响呢？"

又一个学生起立答道："我认为，一个是居住者的数量，也叫入住率，居住者多说明需求旺盛，大家的眼睛是雪亮的，能被这么多人选择的地方想必也差不到哪里去；另一个是居住者的平均收入，毕竟高收入群体更愿意也更能为高品质的居住体验买单，房价自然可观。所以，居住者的数量对房价有量变影响，而居住者的平均收入对房价有质变影响。"

海獭教授点点头，说道："回答得也很对，看来上节课的内容，大家学得都很不错嘛！那怎么观测量变影响和质变影响呢？"

"教授，我来回答。"说话的是坐在最前排的一个学生，她说道，"只需晚上去观察一栋楼和一个小区的亮灯情况，用亮灯的户数除以总户数，就可以得到一个比值，这个比值越大，说明居住者越多，而居住者多了，说明大家的需求越大，房价也会稳定增长的。"

她看了看海獭教授，见海獭教授没有说话，又继续说道，"再观察小区的空调数量和汽车数量，就会知道这个小区的富裕程度，而富裕程度越高，那么这个地方的房价就会相对更高。老师，我说得对吗？"

海獭教授说道："很对。那什么地区的这两个指标会比较高呢？"

鼹鼠小姐心想：这也是我最想知道的啊，学生们只是纸上谈兵，而我是真的要买房呀！

不过这次没有学生回答，因为大家只知道结果和原理，还真没想过现实中的具体情况。

海獭教授说道："今天我讲的，将有可能对你们的一生产生巨大的影响，大家要认真听。"

接下来，海獭教授将导致量变和质变的某些具体情况，做了详细的分析。

首先，人们之所以会对某地的房子有大量的居住需求，是因为在那里可以得到相对较多的资源。如学校旁的房子和市中心的房子，不但方便人们上学和工作，还有很多配套设施，如漂亮的街道、大型商场、出色的医疗机构等。所以，房子成了这一切的载体，自然就吸引着大批的居民到这里居住。房价也会随着居民的不断涌入，居民购买力的不断增强，而慢慢上涨。

其次，居住者的数量的提升只是量变，而如果居住者是高收入者或者有发展潜力的人士，那其数量的提升就是质变了。如 CBD 附近的大多数房子住的都是在附近工作的人，他们收入高，购买力强。这里的"楼王"（一个小区内综合评价最好的房子）的价格也会是该地区最高的。

鼹鼠小姐心想：这就对了，比如橡山湾虽然不在市中心，但这里的自然环境和配套设施，吸引了很多事业有成的人来这里定居，这几年房价也上涨了不少。

"最后，如果这两项都具备，那么房子的升值潜力将非常大啊！"海獭教授说道。

鼹鼠小姐举手问道："请问海獭教授，那该如何购买呢？您能分析一下贷款和全款的利弊吗？"

海獭教授答道："好的。比如，如果政策允许，你全款只能买 1 套房子，但贷款可以买 2 套房子，如果这些房子的价格都上涨，贷款买房的收益自然就是全款买房的 2 倍。"

鼹鼠小姐说道："那万一房价下跌，贷款买房就会亏，是吗？"

海獭教授答道："是的，所以我们才要学习分析房价的走势，买到有升值空间的房子，毕竟谁也不希望自己刚买了房子，房子就降价了。"

海獭教授见学生们听得似懂非懂，就对大家说道："这位就是咱们橡树国首届理财大赛的冠军鼹鼠小姐，她讲得非常好，已经很接近实战了。大家要记住，在这里学的只是理论，一切还得以实际为准。"

学生们都把头扭向鼹鼠小姐，还为她鼓起掌来。

"那您对炒房这种行为怎么看呢？"鼹鼠小姐问道，因为最近橡树国来了一批海丽国的投机者，他们正悄悄推高这里的房价。

"那是严重的违法行为，我很了解他们，他们曾经把海丽国搞得乌烟瘴气，幸亏海丽国国王及时发现了这一点，对房地产市场进行了改革，才让他们功亏一篑。现在，他们看到橡树国的法律还未健全，就又想来橡树国兴风作浪，对此我已向院长猪博士反映过了。国家对此是严令禁止的，并已制定了相应对策。"海獭教授越说越气愤，他对海丽国太了解了，自己当年也是受害者，这也是他来橡树国的原因之一。

"老师，有一点我不明白，炒房和房地产投资不都是买房子吗？它们究竟有何区别呢？"一位同学突然起身发言。

海獭教授平复了自己的心情，他又镇定自若地说道："炒房是一种投机行为，目的是在短期内使房价上涨，用的手段是欺骗性的，因为炒房者买房并不为居住。他们用虚假的市场氛围和营销手段，推高了房价，使真正需要买房居住的人买不起。炒房给社会和民众造成了经济上的困扰，所以是要严厉打击和抵制的。"

"房地产行业必须健康发展。总之，房子是用来住的，不是用来炒的。"海獭教授继续说道。

　　海獭教授的课结束了，鼹鼠小姐又到教授的办公室里向他请教了许多问题，海獭教授也将自己多年的经验和心得倾囊相授。

第十五章

生命的华彩

企鹅先生的渔场发展得很快，不过鼹鼠小姐总感觉有很多基础工作并没有做好，而企鹅先生则好像被突如其来的成功冲昏了头脑，加上邻居们的交口称赞，企鹅先生已经开始有点飘飘然了，很多时候都听不进去鼹鼠小姐的劝告。

鼹鼠小姐觉得，有时成功就像一个放大镜，会放大那些原来微不足道的小问题。而这些小问题常常已经伴随它的主人多年，虽然这些小问题的确存在，但倘若能长期相安无事，没有导致什么不好的情况发生，主人成功后往往也会忽视它们，但有时，当这些小问题突然发作却很可能毁掉主人来之不易的成功。

企鹅先生决定扩大渔场的规模，他花钱租下附近的一个大渔场，购买了船只和设备，并雇了很多新员工。

企鹅先生原本是做职业经理人的，所以在经营自己的渔场时，有时也会不自觉地使用原先的某些管理方法。如他觉得只要对员工态度好就一定能让他们努力工作，但殊不知，管理并不是一件容易的事。

很快，企鹅先生就发现了问题：新员工和老员工之间发生了许多矛盾，有些老员工甚至还跳槽了，并带走了很多大客户资源。

另外，由于管理上的松懈，他的公司错误地购买了很多质量有问题的船只和设备。他让负责采购的员工去和厂家谈判，但收到的回复是当时已经验货，厂家没有责任。

企鹅先生开始有点焦头烂额了，他想到自己并没有像刚开始那样亲力亲为，而是当起了甩手掌柜，什么事情都让员工代办。关键是有些员工没有经验且不负责任，只会说当时是没问题的，这把企鹅先生气得够呛。

鼹鼠小姐看到企鹅先生每日的脸色变化后，就向一些熟悉的老员工打听，她很快就了解到渔场现在发生的很多事情了。

鼹鼠小姐很心疼企鹅先生，知道他现在的压力很大，也不想伤到企鹅先生的自尊心，便说道："亲爱的，渔场有什么问题吗？你可以和我说说，我也可以帮你的！要知道，我们可是最好的搭档啊！"

企鹅先生的心情很糟，新买的渔场出了问题，他可能还要花很大一笔钱去处理。而且，月牙河这几年来新开的渔场越来越多，而打到的鱼却越来越少，鱼的个头也越来越小了。

风景优美的月牙河现在已经完全变了模样，到处是圈起来的渔场和丢弃的破渔船、渔网，看起来真有点荒凉。政府已经注意到了这一现象，开始控制渔场的规模和捕鱼的数量。企鹅先生新购买的渔场将被收回，原来的渔场也将规模减半。

这些打击都让企鹅先生无比烦恼又无能为力，他变得更加急躁，对鼹鼠小姐的关心与忠告，不仅没能正确理解，反而认为鼹鼠小姐觉得自己无能。所以，他就对鼹鼠小姐说了一些伤人的气话。鼹鼠小姐伤心地流下了眼泪，好几天都没和企鹅先生说话。

其实，企鹅先生心里仍深爱着自己的妻子，但他也不明白自己为什么会变成这样，他感到既内疚又矛盾。

不久，政府又下了一道新令，将加大对月牙河捕鱼公司的税收力度，并取消橡树国银行对他们的贷款优惠政策。一方面不能加大生产去捕鱼，另一方面还要应对不少的支出，毕竟员工的工资不能降低，否则员工又将流失，渔场的租金也不能不给。所以，开业就等于赔钱。企鹅先生的渔场濒临破产。

企鹅先生因为盲目扩张以及购买了无法使用的船只和

设备，已经亏损了很大一笔钱，其中有一些还是贷款，但他怕鼹鼠小姐担心，就没有如实相告。

在宣布解散渔场的那一天，倔强的企鹅先生哭得像个泪人。多年的辛苦付出付诸东流，难免让人伤心落泪。

那天，他像个孩子一样在鼹鼠小姐的怀里痛哭。鼹鼠小姐早已原谅了自己的丈夫，她泪流满面地说道："这只是一个教训，我们可以从头再来的！"

企鹅先生哭着说道："都是我太自大了，我忘了我们走到今天有多么不容易。我不光没听你的劝告，还对你恶语相加，我真是太差劲了！哎！"

鼹鼠小姐说道："就当花钱买个教训吧。"

企鹅先生说道："可我赔光了我的钱，现在我什么也没有了啊！"

鼹鼠小姐说道："不要太悲观了，你忘了还有我吗？幸亏你当时把企业盈利的大部分都放在家里，我已经把它变成你的下一个渔场了！"

企鹅先生眼中又露出了希望之光，他笑着说道："真的吗？太好了！幸亏有你，我又能开渔场了！哈哈！那我们到底还有多少钱呢？"

鼹鼠小姐也笑着说道："这我可不能告诉你，我都放在理财账户里了，给你用来再次创业的资金就在应急账户中。不过，要等你真正认识到这次的教训后，我才能告诉你，因为你可是个'金钱魔术师'啊！哈哈！"

鼹鼠小姐说得有道理，因为企鹅先生自己也常说，他就像一个"金钱魔术师"，不光可以神奇地空手赚到钱，也可以神奇地把赚到的钱全部花光，他总是有绝对合理且必要的支出。

在没有工作的这段日子里，企鹅先生又回到了家中和鼹鼠小姐一同做家务，一同在河边散步。Zebra 已经开始上学了，每个周末他们都会去市区送孩子。依靠鼹鼠小姐的理财账户，他们暂时不用工作，也可以悠闲度日。

企鹅先生每日的"工作"除了读书，就是和鼹鼠小姐一起做家务。

鼹鼠小姐很心疼丈夫，便对他说："你前些年太累了，身体也不好，正好利用这段时间来修整一下。家里的这些琐事我自己可以应付的。"

企鹅先生则说道："没关系，亲爱的。我现在每天做家务也相当于赚钱呐！嘿嘿！这让我感觉自己还有价值。而且这段时间通过做家务，我才发现，我过去认为家务都是些无关紧要的小事也是错误的。做家务不光累，而且根本就做不完，比上班可累多啦！"

鼹鼠小姐笑着说道："你知道就好，过去你还认为做这些小事很轻松呢！哈哈！"

企鹅先生关切地看着妻子，说道："现在我才知道你有多累！我还说过蠢话，说钱都是我一个人赚的呢。其实你要是也领工资的话，那收入比我当年打工赚得还要多呢！"

鼹鼠小姐说道："你在外费心经营企业，我在家做点家务也是应该的，一家人最重要的是相互理解。不过你也不要太累，把身体养好再说。"

企鹅先生感动地说道："亲爱的，请放心！我会调整好自己的。"

鼹鼠小姐本来想请猪博士来帮企鹅先生解开心结，但几次都没能见到猪博士。大黄先生告诉她："猪博士现在很忙，不过请放心，我会转告他的。"

一连几个月都没有猪博士的消息，鼹鼠小姐索性也不再天天等待了，她更珍惜现在这段平静的时光。

企鹅先生的心情好了许多，他的心态也变得平和了许多。过去繁忙的工作使得他在家的时间并不多，所以他也疏于对孩子的照料和关爱。在这段休闲的时间，他发现自己的孩子也慢慢长大了。

企鹅先生心想：我要让孩子一生都幸福快乐。假使有一天我和鼹鼠小姐离开这个世界，我们也不会感到遗憾，因为我们其实还活着，就活在孩子的心中。

猪博士也曾说过，一个家庭致富的奥秘就是三代人培养一代人，很多家庭都在单打独斗，没有形成合力，只有几代人共同努力才能让这个家族的每一代都能有好的起点。而家庭的教育也是需要言传身教的，比如父母怎么对待金钱，其实孩子都会看在眼里，这比单纯的说教要有用得多。

终于等到猪博士的消息了，大黄先生对鼹鼠小姐说道："猪博士说很不好意思，最近他有很多事情要去处理，所以一直没有时间来看你们，他还让我代他表达对你们的歉意呢！"大黄先生说完还点了一下头。

鼹鼠小姐忙说道："没事的！猪博士对我们真好，我都不知该说些什么了啊！"

大黄先生说道："嗯，明白！猪博士要我告诉你们，他想在这个周六请你们一家人到海边的滨海餐厅就餐，不知你们有没有时间啊？"

现在，鼹鼠小姐一家有大把的休闲时间，而且这个周六正好孩子也会回来。鼹鼠小姐愉快地答应了。

大黄先生说道："那太好了！到时我们一起从经济学院出发去那里吧！"说完，他就回去了。

Zebra听说要去海边吃饭后，高兴地跳了起来，他还缠着企鹅先生要学游泳呢。

周六一大早，企鹅鼹鼠夫妇一家就开着自己的黑色越野车在经济学院的门前等猪博士了。只见猪博士的车从经济学院开出来，猪博士向他们挥了挥手后，他的车就飞快地向前驶去。企鹅先生也开着车，紧随其后。

大概一个小时的车程后，他们已经可以看见大海了，这里也是月牙河的入海口。Zebra在车里张大了嘴巴，他指着远处那片蓝色的海洋，欢呼起来。

鼹鼠小姐也很少来这边，她发现这边的景色有点像海丽国的旗舰岛，但又有所不同。这边的沙子是金色的细沙，不像海丽国那种纯白色的软沙。

海浪拍打沙滩的声音越来越大了，企鹅先生看到那里有许多游客在游泳，还有人在冲浪。企鹅先生虽然精通游泳和潜水，但他并不擅长海面上的冲浪运动，不禁心驰神往。他说道："Zebra，将来爸爸一定要学会冲浪，学会了再教你好吗？"

Zebra 拍着双手，高兴地说道："那太好了！不过，我要先学会游泳才行，要不冲浪掉进水里可怎么办呀！"

企鹅先生和鼹鼠小姐都被孩子天真的话语逗笑了。

很快，猪博士的车就在一座白色的尖顶状建筑前停了下来，这就是著名的滨海餐厅，它坐落在紧靠沙滩的位置。

他们下车后，依次进入餐厅，并在靠近海边一侧的位置坐了下来。

鼹鼠小姐发现，四周都是透明的玻璃，他们坐的位置刚好是观赏海景的最佳位置。

在大家边品美食边欣赏美景之际，餐厅的熊经理走了过来，他也是这里的老板。

熊经理说道："听说您老光临我们餐厅，真是万分荣幸啊！下次您再来的话，请让大黄先生提前通知我一声，我好给您准备最好的美食。"

猪博士说道："千万不可！你只当我是一名普通的食客，就是对我最大的尊重了。因为我来这里是放松心情、品尝美食的，可并不想被人打扰啊。"

熊经理说道："那是，那是，我明白了！"

猪博士还向他介绍了企鹅鼹鼠夫妇，鼹鼠小姐的大名他早已知晓，但当听到企鹅先生来自南极国时，他竟和企鹅先生握起手来，原来他来自地球的另一端——北极国。

企鹅先生也对这位来自远方的朋友感到好奇，就和他攀谈起来。企鹅先生了解到，原来熊经理三度创业失败，在绝望中创立了这家餐厅，没想到一做就是 10 年，餐厅的规模也日益壮大。从海边的一个简易民房起家的滨海餐厅，经过 10 年的发展，现在竟成了橡树国餐饮行业的一个著名品牌。

企鹅先生由衷地敬佩起熊经理来，他问道："您那几次创业失败后，再重新开始时就不怕吗？"

熊经理笑呵呵地说道："小老弟，谁不怕呀！但我更怕我之后回想起来后悔。当时我们太穷了，还欠了很多钱，创业也是被逼的啊！"

企鹅先生觉得熊经理的成功真是来之不易，又问道："那您是怎么把这家餐厅经营成功的呢？"

熊经理微笑着说道："没什么，就是用心，我刚开始只为赚钱，结果却赔了钱。后来，我就想让客户满意，想让餐厅的饭菜成为附近最好的。刚开始，由于食材的成本高而价格低，我还在赔钱，连伙计们都说我做的是赔本生意。但我坚持了下来，后来很多回头客都主动要求我涨价，希望我能继续经营下去。再后来，很多常来的熟客还投资了这家餐厅，他们不光自己来消费，还介绍了更多的客人来这里。于是，我的滨海餐厅就逐渐发展壮大了。"

鼹鼠小姐听到了熊经理和企鹅先生的谈话，她也对这位身材魁梧的熊经理心生敬意。

午餐结束后，大家准备离开，熊经理让餐厅的员工列队欢送猪博士一行人。

不过，Zebra 可没有尽兴，他还没有玩够呢。他缠着猪博士要到海边玩，猪博士本想回去准备第二天的一个会议，但他看到 Zebra 期待的眼神时，就痛快地答应了。

大家都把裤管卷起，赤着脚走在松软的沙滩上。沙滩上有很多漂亮的贝壳，猪博士帮着 Zebra 捡了很多。

鼹鼠小姐和企鹅先生手拉手走在他们后面，迎着阵阵海风，他们突然有种莫名的幸福感。

此刻，企鹅先生的心中忽然有了一个很大胆的想法，他想告诉鼹鼠小姐，但欲言又止。

鼹鼠小姐把企鹅先生的手握得更紧了，她看着企鹅先生，说道："亲爱的，你有什么话要对我说吗？"

企鹅先生支支吾吾："我……我……"

猪博士正好走了过来，Zebra 已经和大黄先生打起水仗来了。

猪博士说道："你们这对小夫妻可是有什么悄悄话要说？需不需要我回避一下啊！哈哈！"

企鹅先生忙说道："没有，我只是想去海丽国打工。"

猪博士说道："为什么去海丽国？难道你怕打工被熟人看到，不好意思吗？"

企鹅先生说道："也不是，我见识过海丽国的远洋渔业的发展水平，我想去学习一些知识，之后再回国创业，但怕鼹鼠小姐担心，所以没敢告诉她……"

鼹鼠小姐听后心头一震，毕竟要和丈夫相隔千里，分离一段时间，她有点不舍。他们曾发过誓，不管什么时候，两个人都要在一起。

猪博士看出了二人的心思，他说道："有些时候，我们不得不做出一些看似狠心的决定，但只要你们经得起考验，生活就会回报你们的。"

鼹鼠小姐想了想，说道："猪博士说得没错，我不能太过自私，你应该去更广阔的海洋闯荡。你放心吧，家里有我呢，我会把 Zebra 照顾好的。"

猪博士从怀里掏出一个巴掌大的塑封花草标本，他对鼹鼠小姐说道："这个标本是我的老师送给我的，今天我想把它送给你们。"

鼹鼠小姐看到，这是用两片透明的硬塑料封住的一种植物，只见这种植物的花呈 4 瓣，每瓣自成一色——红、黄、蓝、白，甚是好看。

猪博士说道："这种美丽的'四色花'叫依米，生长在非洲的戈壁滩上。它是一种很特别的小花，要用大约 5 年的时间来生根，第六年才会长出地面，并开出一朵小小的四色鲜花。但你们知道吗？它的花期很短，只有两天。"

鼹鼠小姐把这个标本拿在手里，说道："那太可惜了呀！5 年的努力才换来两天的芬芳。"

企鹅先生也说道："这是真的吗？还有这么奇特的花！"

猪博士笑着说道："当然是真的了。但究竟可不可惜，要看从哪个角度来说。对依米来说，两天的芬芳已经足够了，它已将自己最美丽的一面呈现给了这个世界。"

鼹鼠小姐说道："猪博士，您为了我们真的很用心。我也懂了，一个人最大的价值就是实现自己的人生理想，就像小花依米一样，它的价值就在于绽放。很多人可能会为依米感到不值，但又有谁了解它的快乐与满足呢！"

猪博士笑着说道："你们明白就好。我很理解你们现在的感受，在这个关键的时刻，很多人都会放弃自己最初的理想，而这时往往是最关键的临门一脚的时候。想要让人生无悔，就不应浪费自己的大好年华，更不要为了追求舒适而对自己设限，从而失去自我发展的大好时机。"

猪博士看了眼没有说话的企鹅先生，继续说道："你们知道'困'字怎么写吗？"

鼹鼠小姐用手在沙滩上写下了这个字。

猪博士说道："这个字的外围就像4堵墙，会把一个人困在中间。里边其实是'十'和'人'叠在了一起，这说明什么？说明一个人面临人生的'十'字路口的时候，是最容易被困住的时候。"

这时，一朵浪花打过来，把刚才鼹鼠小姐写的字给冲掉了，就好像什么也没有发生过一样。

猪博士接着说道："我不能帮你们拿主意，但我可以告诉你们世间的道理。其实困住你的一直是你自己，不过，也请相信，没有人会被一直困住！哈哈！"

在金色的沙滩上，迎着凉爽的海风，他们一行人聊了很久。

那边，Zebra 和大黄先生也玩累了。他们干脆坐在沙滩上，用沙子堆起了一个大城堡。Zebra 还告诉大黄先生，说这是他将来的家，还要请大黄先生去做客呢！

猪博士和企鹅鼹鼠夫妇道别，Zebra 却闹着还要继续玩。

这时，大黄先生已经将车开了过来，他将两侧的车窗全部降了下来，以让凉爽的海风赶走车内的热气。同时，他还将猪博士最喜欢的一张光盘放入了车上的 CD 机内。

猪博士坐上自己的车，听着优美婉转的音乐，看着企鹅鼹鼠一家人在海边愉快地追逐玩耍。

他心想：多么美好的时刻啊！多么幸福的一家人啊！他们正在为自己的美好人生而努力！他本想再和他们说几句话，但又不忍破坏眼前的美好一幕。

看到猪博士的车缓缓离开后，鼹鼠小姐和企鹅先生拉住 Zebra，也静静地站了许久。

鼹鼠小姐对企鹅先生说道："亲爱的，希望你尽快从海丽国学成归来，我和 Zebra 在家等你的好消息，也祝你早日实现自己的梦想，取得新的成就！"

企鹅先生则说道："谢谢，亲爱的！其实我刚才也想明白了，很多所谓的成就就像我们刚才走过的沙滩一样。"他们回头一望，发现他们刚留下的几行脚印已经被

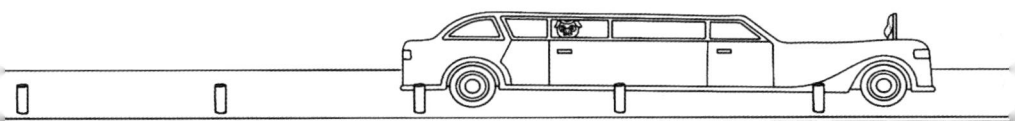

海水冲没了。

企鹅先生继续说道："其实，成就也是相对的，唯有真正能留下的才是永恒的。实现梦想固然是我最大的追求，但家庭也是我最大的幸福和成就啊！"

Zebra 也拍着手说道："爸爸妈妈开心，就是我最想要的成就呢！"

说完，他们一家人紧紧地拥抱在一起。

这一刻，他们感觉那翻滚的浪花好像在演奏一首快乐的交响曲，那乐声始终在他们的耳畔回荡。

……

后　记

　　亲爱的读者朋友，当您读到这里的时候，本书的内容就全部讲完了，但鼹鼠小姐和企鹅先生的故事还没有结束。

　　在本系列的下一本书《鼹鼠小姐的理财生活：买到一只好基金》中，您还将跟着这群可爱的小动物，展开一次更专业的学习之旅。

　　在那本书里，您将对基金的相关知识和操作有更深入的了解，并尝试寻找适合自己的投资方法。

　　在那本书里，鼹鼠小姐会告诉您更多的理财观点，如股票投资方法等。

　　在那本书里，鼹鼠小姐的几位新朋友也会加入进来……

　　精彩内容，敬请期待！

企鹅先生　鼹鼠小姐